2023年北京市文物局青年业务人员科研成果出版项目
北京市考古研究院学术研究丛书（第43号）

北京古崖居
石质文物保护研究

张涛 著

学苑出版社

图书在版编目（CIP）数据

北京古崖居石质文物保护研究 / 张涛著 . -- 北京：学苑出版社，2023.10
ISBN 978-7-5077-6782-7

Ⅰ.①北… Ⅱ.①张… Ⅲ.①洞穴遗址—石器—文物保护—研究—北京 Ⅳ.① K876.24

中国国家版本馆 CIP 数据核字（2023）第 203486 号

出 版 人：	洪文雄
责任编辑：	周　鼎
出版发行：	学苑出版社
社　　址：	北京市丰台区南方庄 2 号院 1 号楼
邮政编码：	100079
网　　址：	www.book001.com
电子信箱：	xueyuanpress@163.com
联系电话：	010-67601101（营销部）、010-67603091（总编室）
经　　销：	全国新华书店
印 刷 厂：	廊坊市印艺阁数字科技有限公司
开本尺寸：	889 mm×1194 mm　1/16
印　　张：	9.25
字　　数：	132 千字
版　　次：	2023 年 10 月第 1 版
印　　次：	2023 年 10 月第 1 次印刷
定　　价：	98.00 元

目录

第一章　绪论　　1
- 第一节　文献综述　　2
- 第二节　岩石病害产生机理　　17
- 第三节　研究计划部分　　24

第二章　古崖居遗址岩体现场调查及测试　　27
- 第一节　古崖居遗址概况　　27
- 第二节　古崖居病害种类及延庆古崖居的病害特征　　28
- 第三节　岩石样品　　32
- 第四节　古崖居岩石成分及性能测试　　33

第三章　古崖居危岩体病害机理模拟研究　　36
- 第一节　石材样块的选择　　36
- 第二节　耐酸老化研究　　38
- 第三节　耐热老化研究　　44
- 第四节　耐光老化试验　　47
- 第五节　耐冻融试验　　50
- 第六节　耐盐试验　　53
- 第七节　模拟试验数据对比　　56

第四章　加固材料的筛选及应用研究　　60
- 第一节　加固材料的初选　　60
- 第二节　岩石加固材料性能测试及结果　　61
- 第三节　古崖居风化岩石加固效果研究　　73
- 第四节　模拟风化岩石加固效果比较研究　　77
- 第五节　总结　　92

第五章　延庆古崖居危岩体化学加固工程方案设计　　95
第一节　历史沿革　　96
第二节　保护范围与建设控制地带的划定、公布及执行情况　　97
第三节　主要病害及病害产生机理　　98
第四节　修缮性质及设计依据　　109
第五节　保护原则　　109
第六节　保护工程的必要性　　109
第七节　保护工程的可行性　　110
第八节　文物保存现状及修缮主要内容　　110

第六章　加固材料现场应用研究　　113
第一节　现场加固实验加固的效果　　113
第二节　加固材料现场施工　　116
第三节　加固施工效果评估　　117

第七章　结论　　120

参考文献　　121

附录一：北京古崖居地质调查报告　　125

附录二：北京延庆县古崖居遗址危岩体加固　　131

附录三：北京延庆县古崖居遗址危岩体加固工程图纸　　141

第一章 绪论

我国历史悠久，有着众多的历史文化古迹，其中包括大量的石质文物，广义的石质文物是指一切以石材为原料加工成的文物制品。在我国，石质文物分布广泛，遍布大江南北，种类也异常丰富，大致可以分为五类：1.石窟寺类，主要代表有龙门石窟、云冈石窟、大足石窟等一系列石窟寺，此类石质文物体量巨大，不可移动，所处自然环境不易改变，因此保护难度较大；2.石雕造像类，主要包括石佛、造像、石兽等，文物相对独立，分布不集中，大部分在野外；3.碑碣类，主要有石碑、石经、墓志等，体积较小，形状规整，移动保护相对容易；4.建筑类，包括石桥、石塔、石构件等，大部分还在建筑上使用，不可移动；5.远古石器类，包括石斧、石矛、石刀等，由于年代久远，文物保存情况较差，急需保护。延庆古崖居属于石窟寺类石质文物。由于风化作用和酸雨、酸雾、空气污染等因素，延庆古崖居岩体受到了较严重的侵蚀。若不采取措施加以保护，这个珍贵的文化遗产将不复存在。所以，延庆古崖居亟待保护。本书首先研究了古崖居遗址石质文物的病害机理。其次，进行了几种常见加固材料的对比试验，筛选出较好的加固剂。在此基础上，对延庆古崖居遗址危岩体进行保护工程施工，获得了较好的效果。

第一节　文献综述

文物古迹的保护对于全世界都是至关重要的事，石质文物的保护也已经开展多年，主要研究方向包括病害产生机理研究、防风化治理、文物周围环境治理、室外大型石质文物破坏与保护的地质学影响因素。

国外石质文物研究思路与工作方法与中国有很大不同，他们更注重馆藏石质文物保护，擅长个体石质艺术品的保护和修整。通常是在实验室内，先用各种高精度仪器对石质文物进行病害测试，设计出完善的修复方案后，再利用先进的设备对风化石质文物进行清洗、加固、填缝、作色等处理，从病害的检测，制订修复方案，到实际修复，每个过程都十分的严谨，且修复手艺高超。另外，对于室外大型不可移动石质文物周围的大气、降水、风速、地下毛细水等影响因素进行了一定研究。

而我国在天然岩体上刻凿的古崖居、石窟寺、石刻，分布众多，因此，我国古崖居、石窟寺、石刻文物保护和防风化治理的角度与国外石质文物保护有本质的区别，即石质文物周围的所有环境因素（风、雨、大气、光线、地下水等）都要影响石刻体，都属于石质文物保护研究范畴。新中国成立后，我国陆续开展了一系列保护研究，包括大同云岗石窟[1][2]、新疆克孜尔石窟、洛阳龙门石窟[3]、甘肃麦积山石窟、河北南响堂石窟等。近年来，分别在四川乐山大佛、大足石刻区等地，进行了抢险治理的科研工作。

主要研究机构可分为以下几类：

1. 由中国文化遗产研究院及省市地方文物保护部门组成的文物部门，主要研究方向为考古发掘、文物修复、抢险治理工程措施和博物馆展室内小环境条件（如温、湿度、有害光线、参观人数、空气组成等）对文物的影响[4]。

2. 以中国科学院地质研究所、中国地质大学及有关科研单位为代表的工程地质界，主要研究方向为岩石特性（物理化学性能、微观结构、成分组成）、环境地质[5]、岩体力学、风化机理及破坏原因等方面。我国第一本有关石窟文物保护环境地质研究论文集《文物保护与环境地质》[6]的出版，也使我国石窟文物保护环境地质学方面的研究走在了世界前列[7]。

3. 以中科院化学所、有机所，各大专院校化学系、材料系及有关科研单位为代表的化学界，主要研究方向为各种表面封护剂、渗透加固剂的研发。

一、石材定义与分类

（一）石材的定义

凡是由天然岩石开采而得到的毛料，或经加工而制成的块状或板状岩石，统称为石材。这里我们所探讨的重点是石质文物。多数的石质文物已有千年历史，长期处于自然环境的作用之中，普遍受到不同程度的侵蚀和污染。

（二）石材的分类

众所周知，石材是由岩石加工而成的石质材料，故石材分类与岩石有着密切的联系。《石材》针对石材矿产品与岩石的相互关系分类如下[2]：

1. 石材矿产品分类

石材矿产品依其属种关系，依次从大类到品种，划分为三大类，每大类划分为若干品种。

表1-1 石材分类

石材大类名称	品种名称
花岗石（矿）	若干品种，如芦山红等
大理石（矿）	若干品种，如汉白玉等
板石（矿）	若干品种，如黑板石等

2. 岩石分类

岩石学是一门成熟的自然科学，其分类方法很多且细致，不适应于石材研究的要求。根据我国目前已知石材的岩石种类，依岩石的属种关系划分如下系列：

表1-2 岩石分类

大类名称	岩石分类
花岗石类岩石	辉石岩
	辉长岩
	花岗岩
	混合岩
	石英岩
	碧石岩
大理石类岩石	大理岩
	白云大理岩
	石灰岩
	白云岩
	蛇纹岩
板石类岩石	泥质板岩
	钙质板岩
	炭质板岩
	硅质板岩
	板状灰岩
	板状砂岩

从以上石材矿产品分类与岩石分类对比可以看出，自然界"天然三石"（花岗石、大理石、板石）都不是分别由一种岩石生成的，而是分别由不同成因多种岩石类型生成的。

二、石材的风化作用与保护

随着现代工业的飞速发展和环境污染的日益加剧，这些珍贵的文化遗产饱经沧桑、遭受着不同程度的腐蚀，石窟寺开裂倒塌，石刻溶蚀酥粉。因此讨论石质文物风化机理，认清风化来源于人为的和自然的两方面因素，分析常见加固材料的保护原理、特点及其使用范围，对于正确选用石质文物的养护措施，选用适当的养护材料是十分重要的。

人们的某些社会活动和生产、生活实践会直接对文物产生破坏，如战争、火灾、盗窃等。例如，发生在1860年震惊世界的英法联军火烧圆明园事件。此外，在现代工业发展进程中，人们时常忽略了废水、废气、废渣的综合治理和利用，而一味追求发展速度和经济效益，产生严重的环境污染，加速了文物老化变质。对石质文物破坏较为严重的是大气中的二氧化硫、氮氧化物等酸性有害气体溶于雨雾和潮湿的空气中形成的酸雨。

风化石材的保护研究大体分为两个方面：一方面是研究石质文物的风化状况，包括风化原因、风化程度（深度）、风化产物及局部与整体的情况；另一方面是保护材料性能的测试。这两个方面相辅相成、辩证统一，为石材保护提供科学依据。

（一）石材的风化作用

石材在风化作用下发生病变出现水斑、盐析泛碱（白华）、锈斑吐黄、表面腐蚀、油污及色素污染、褪色及生物繁殖等现象，不仅使石材的物理性能如强度、硬度耐磨等降低，而且影响石材的美观。

一般把石材发生病变的原因分为物理风化、化学风化和生物风化。其中，生物风化也可以理解为生物作用带来的物理风化和化学风化[5]。因此，在这里我将石材遭受的风化作用划分为两个大类，即物理风化和化学风化。

1. 物理风化

物理风化也称机械风化。物理风化指暴露于表面的岩石受太阳辐射影响发生冷热、干湿、冻融的长期反复交替作用，使组成岩石的颗粒物质之间联结遭到破坏，量变的结果使得岩石由大变小、由粗变细，以至于成为松散破碎状态，随着破碎程度的增加，岩石的物理力学性质也相应发生变化，岩石的孔隙度、表面积相应增加，密度、比重等相应减小。岩石的物理风化为岩石化学风化的深入发展创造了条件[6]。

物理风化包括热力风化、冻融作用风化、寒冻作用、风力侵蚀作用和生物物理风化。但因岩石中的矿物种类、环境条件和其他物理性能的不同，其受到的风化作用亦有主次之分。例如，矿物组成成分较多的岩石易受热力风化作用的影响。因为岩石比热较小，导热率较低，组成岩石的矿物热膨胀率各不相同，在太阳辐射热的影响下，岩石各部分温度升降、体积胀缩不一致，因而在岩石内部产生压应力与张应力，应力长期交变作用，削弱了矿物颗粒间的连结，使岩石发生破碎；孔隙度大，吸水率较大的岩石更易受水冻融作用风化，例如，水在岩石孔隙和裂隙内冻结时体积将膨胀约9%，在岩石内产生压力，造成岩石颗粒空间加大、强度降低，加大了水的渗透性，造成表面物质或近表面物质的松动和崩裂破碎。在我国西部或西北部地区，风力侵蚀就比较明显。当然，总的来说，各种物理风化作用是共同存在的。

2. 化学风化

化学风化是指大气条件下岩石受水或水溶液的化学作用影响下发生的破坏作用。化学风化不仅使岩石破碎，还使岩石的矿物成分、化学成分发生变化，产生新矿物。岩石在化学风化的同时，通常伴随着进一步的物理风化。在炎热而潮湿的气候条件下，岩石化学风化最为显著。

化学风化包括水解作用、氧化作用、熔岩作用、硫化作用和生物化学风化。

岩石中的矿物遇水后发生分解的化学变化过程即为水解作用风化。岩石中的长石水解时，水分子中的H^+置换长石中的碱及碱土元素离子，H^+进入结晶格架内形成黏土类矿物。正长石在水解作用下，脱碱去酸、吸水形成高岭石及铝矾土的分解过程[6]如下：

$$4K[AlSi_3O_8]+nH_2O \rightarrow 4KOH+8SiO_2+AL_4[Si_4O_{10}](OH)_8$$
（正长石） （高岭石）

$$AL_4[Si_4O_{10}](OH)_8+nH_2O \rightarrow 2AL_2O_3 \cdot nH_2O+4SiO_2+4H_2O$$
（高岭石） （铝矾土）

金属或矿物与氧进行化合产生氧化作用。岩石中氧化作用最为普遍，尤其是含有铁质的岩石，其氧化作用最为明显。岩石中大多数含铁矿物中的铁都是以 Fe^{2+} 状态进入晶格的，遇氧后与氧结合形成 Fe^{3+}。最典型的是岩石中的黄铁矿，经过氧化后，变为褐铁矿，这就是地质上所称的褐铁矿化。现在市场上较为流行的一种石材"锈石"的成因，就是岩石中的含铁矿物被褐铁矿化后，在石材内部形成铁锈点。

岩溶作用指石灰石、大理石、白云石等碳酸盐类岩石在含有二氧化碳的水作用下，碳酸钙溶解为钙离子和重碳酸根离子，由于温度、压力等条件的变化，被溶于水中的钙和重碳酸根离子，又可结合成碳酸钙沉淀，形成石灰华，其化学反应如下式：

$$CaCO_3 + H_2O \rightarrow Ca^{2+} + 2HCO_3^-$$

地质上的岩溶作用是很常见的，这种作用经历了漫长的历史时期，但发生在现在应用的石材上，由于时间短，有些不可思议。从人类使用石材至今，比较大量使用石材作为建筑材料和雕塑材料有上千年的历史，所留下的这些石质类文化遗产中，发现大理石雕刻品正在悄然改变面貌，尤其是近些年来，这种改变似乎越来越快了，其原因之一是岩溶作用加强了。人口增加，人类活动的加快，排放到大气中的二氧化碳的数量在急剧增加，大气降水中所含二氧化碳的浓度必然增加，这种降水对大理石类石材溶解作用也会增强。通过电子显微镜观察，一些珍贵的石雕文物表面已由原来的白云质大理石变为石灰华类的物质，石材的成分发生了改变。

硫化作用主要作用于大理石类石材。硫化作用的机理是含有 SO_2 的雨水与岩石中的金属成分相结合生成新的矿物。大气中的 SO_2 来源于火山喷发及人类排放。在风化后的石材粗糙表面，常在凹坑中发现石膏和钾、钠的硫酸盐和针铁矿等，而在这些品种新鲜的石材中，绝对不含这些矿物的。例如，汉白玉的主要成分是白云石，还有少量的方解石和石英。白云石在风化过程中不断受到侵蚀，受侵蚀的程度可以因空气质量的变坏和雨水中含酸成分的增加而加剧，白云石在分解过程中，Mg形成硫酸盐被带出，Ca形成石膏就地沉积。

生物化学风化是附着在石材制品表面的生物新陈代谢分泌出的有机酸或生物的遗体腐烂后分解产生的有机酸对石材进行的分解和破坏作用。

化学风化对石材的破坏是多种多样的，大气中的氮氧化物、二氧化硫、二氧化碳等酸性气体及工业酸雨污染、侵蚀，加上石材加工、安装施工过程中使用的黏结材料，都会对石材表面及内部形成腐蚀破坏，研究和防止石材的化学风化是石材养护专业的一项复杂内容。

由上可知，石材的风化是多方面的，物理风化和化学风化是相互促进的，绝对没有单独存在的。

3. 石质文物的风化作用

石质文物从形成时期的完整到风化是一个逐步发展的过程。石质文物的风化与加工石质文物的原料石材质量的好坏有着密切关系，石材质量由岩石的种类、孔隙率、胶结物类型等因素所决定。此外，物理化学、生物和人类等因素影响着石质文物的风化作用。王丽琴等人对重庆大足千手观音的风化研究[7]表明物理风化的作用不可忽视。现阶段，人类活动对文物的破坏也越来越明显，例如，在参观过程中，游客会将外部微粒带入馆内，并释放热量和二氧化碳，影响博物馆的"微气氛"。而在文物修复和保护的具体工作中，由于处理方法不够理想、技术设施不完善、操作不熟练或者审视观点的差异等原因，偶尔发生在保护文物的同时损伤了文物，这种"保护性的破坏"也是一种人为破坏。

（二）石材的保护方法

从辩证的观点来分析产生石材病变的主要原因可分为内因和外因。所谓内因，即石材的内部结构构造和化学成分引起的变化；所谓外因，即开采加工方法、安装施工工艺及使用环境等因素的影响。

既然如此，对石材的保护可以从两个方面着手。首先是保证合理的开采加工方法和安装施工工艺，这主要是人为因素起作用；另一方面，也是最主要的保护方法，就是在岩石表面使用化学防护或化学加固材料进行保护，以减缓或阻止其毁损。

1. 加固剂的涂护保护

现今，为了起到更加完美的保护效果，越来越多的保护石材防风化加固剂被开发出来，并且已经应用到各种各样的石质文物和石材建筑上。

2. 加固剂的要求与分类

一般保护石质文物的流程是：首先对岩面进行必要的清洗处理，目前国际上流行激光清洗技术，如 YAG 脉冲激光技术。然后用加固材料对其进行加固保护，针对各种石材选择不同的保护技术，但对石质文物加固材料的具体要求必须预先有深刻的了解，应该注意以下几个方面：

① 材料对人、物、环境无毒害。

② 材料的粘度低，渗透性或可灌性好。

③ 用加固材料处理后不改变文物外观。

④ 材料抗老化性能良好。若时间久了发生老化，不应产生对岩石有破坏的新物质。

⑤ 材料与岩石有较好的黏结力和附着力。

⑥ 在选择保护材料的同时，必须考虑施工条件和对周围环境的影响，符合生态保护的原则。

⑦ 形成的保护层抗风化能力强，尤其防水，防有害气体的能力强，必须有透气的性能，以便表面水不易渗入石质内部，而岩石内部的水则可从内部逸出。

现阶段使用的加固剂主要为有机和无机两大类。无机加固剂的优点是耐候性好，使用寿命较长；缺点是黏结力较弱，比较脆、弹性差、难渗透。有机加固剂的优点是具有优异的耐候性、耐腐蚀性、耐玷污性、耐化学品性、斥水斥油性和绝缘性等，渗透性较好，黏结性和柔韧性强，憎水性好。

三、石质文物保护材料发展历史

（一）固体石蜡

最早应用于石材表面保护的材料是固体石蜡。早在2000余年前的汉代，石蜡就被用于防止石材风化[8][9]。石蜡与石质文物不会发生反应，经过石蜡封护处理的石质文物憎水性明显提高，可以有效地隔离水分和有害物质，但其熔点较低，表面状态很不稳定，不透气且表面容易吸附灰尘，不耐脏，另外由于其是固体，很难渗入石材内部形成长久保护。

（二）无机石材加固剂

19世纪前，无机石材加固剂是当时最流行的材料[10]，无机加固剂加固机理多是利用盐溶液在风化石质文物的孔隙中固化或与风化石质文物发生化学反应，填充风化石质文物微孔隙以产生支撑层。例如，用石灰水、氢氧化钡来保护和加固风化石质文物[11]，石灰水、氢氧化钡是利用$Ca(OH)_2$、$Ba(OH)_2$和CO_2反应，生成$CaCO_3$、$BaCO_3$固体来填充风化石质文物的孔隙，起到加固效果的。

Wells Cathdrals[12]用石灰水加固的石雕作品，收到了较好的效果。Larson J H[13]将$CaCO_3$粉末和热的CO_2加入石灰水中，成功地解决了石灰溶解度小、石灰与CO_2反应速度慢等问题，使加固效果得到了进一步提高。另外，还有使用锌和铝的硬酯酸盐[14]，硫酸盐或磷酸盐[15]等材料作为加固剂等。加固后，风化石质文物强度有一定提高。但由于引入了可溶性盐，其结晶膨胀后反而加快石材风化的速度[16]。碱性硅酸盐曾在欧洲广泛使用过，它是通过可溶性的碱性硅酸盐填补缺失的矿物颗粒胶结物，以加固风化的石质文物。如商用的钠、钾水玻璃，当溶液接触矿物时，它固化成Na_2SiO_3或K_2SiO_3，并且在几个小时内将松散的矿物颗粒结合在一起。

（三）有机小分子化合物

目前用得最多的是硅酸乙酯，如德国产的Remmers 300，可加固砂岩、砖瓦、黏土类文物。我国采用Remmers 300对重庆大足北山136窟的五百罗汉进行了加固处理，效果良好。新加坡外交大厦、陕西西安大雁塔等也都用 Remmers 300 加固过。Remmers 300 化学成分为正硅酸乙酯，是一种无色透明、渗透性非常好的加固剂。根据文献报道：葡萄牙采用微钻设备测量出正硅酸乙酯在石灰岩中的渗透深度超过 15 mm，而在同样条件，Paraloid 72（丙烯酸酯的共聚物）的渗透深度只有 2 mm~3 mm。Remmers 300 的加固机理是以有机态进入岩石孔隙，缓慢地与空气中的水蒸气及岩石中的毛细水反应，生成无机态、矿物状的 SiO_2 胶体沉积在岩石的孔隙中形成新的胶结物，从而对岩石起到加固作用，可用下列化学反应方程式来表示：

$$Si(OC_2H_5)_4 + 2H_2O \rightarrow SiO_2 + 4C_2H_5OH$$

（四）有机聚合物加固剂

因其黏结性、防水性、抗酸碱性、渗透性等性能都比较突出，是当今风化石质文物的保护和加固最常用的一类材料[17]。例如，环氧树脂曾用于许多项目，如用于太庙和天坛的石构件黏结修复。但普通环氧类树脂耐候性较差，在室外紫外线的照射下易黄变。栾晓霞等[18]通过向环氧树脂乳液中添加硅酸盐对其进行改性，有效地克服了其缺点，收到了较好的效果。丙烯酸树脂因其耐候性、透明性、化学稳定性较好，近年来在封护和加固混凝土和石材保护工程中应用较多[19]。有机硅树脂是有机硅烷通过水解缩聚反应，产生硅聚合物起到加固作用[20]，具有渗透性和耐候性好等特点，经其加固的风化石材，防水性能大大提高，同时有机硅还具有较好的透气性，使石材内部的气体可以自由出入，从而降低了石材内外应力差，避免了加固后的两次破坏[21]。最早，有机硅（聚甲基三甲氧基硅烷，聚甲基三乙氧基硅烷等材料）被应用于室内小型石质文物防风化试验[22]。室外被酸雨侵蚀的石碑，用聚硅氧烷和硅油加固后[23]，物理性能和防水性能得到了大大提高，有机硅加固剂逐渐在众多文物保护工程中应用。如，陕西西安大雁塔、北京太庙金水桥表面加固。彭程等[24]研究发现，有机硅改性丙烯酸酯乳液（有机硅含量约为

12%），其兼具有机硅和丙烯酸树脂两种材料的优点，有较好的加固效果。另外，有学者还研究了将纳米材料和纳米技术应用于文物保护中，包括纳米有机高分子涂层和无机高分子纳米薄膜两方面，同时向有机硅氧烷类石质文物加固剂中添加纳米 SiO_2 颗粒[25]，并对其配方进行了优化[26]。

（五）仿生无机材料

以前人们普遍认为石质文物表面大量的苔藓、地衣、微生物生长，对文物本体是一种破坏。但浙江大学文物保护化学实验室张秉坚教授在石质文物表面发现了一种能够长期保护石质文物表面的以草酸钙为主要成分的生物矿化膜[27]。经研究发现该膜层具有分子结构致密有序排列，外观呈半透明状，耐候性、耐老化性、耐磨性较好，与石质文物表面结合牢固等优良特点[28]。Arocena 等[29]在南极洲发现了岩石表面存在大片的磷酸钙薄膜。Garty 等[30]发现了天然草酸钙膜多出现于地衣覆盖的岩石表面。马豫峰等[31]研究分析了在硫酸软骨素（CS）基质调控下，草酸钙聚集成的晶体形式，也证实了无机生物矿化膜的分子结构是可以调控的。

四、石质文物加固剂涂覆方法

（一）喷涂法

加固石质文物最简单的方法是在表面喷涂加固剂，使其逐渐向内部渗透。一般先用低浓度溶液，然后再提高溶液浓度，不然会影响渗透深度。敦煌研究院采用一种喷枪喷涂高模数硅酸钾加固剂加固甘肃北石窟。

（二）贴敷法

这也是一种常用的加固方法，通过在器物表面贴敷棉纱布，外加塑料膜以减少溶液挥发，可以延长文物和溶液的作用时间，提高加固剂的渗透深度。Marchesini 采用该方法配合慢流技术（加固剂装入吊瓶中，通过针管慢慢注入棉纱布中）对石质品进行了加固。王丽琴等用 Remmers 300 对重庆大足北山五百罗汉进行加固时，也采用了贴敷的方法。

（三）浸泡法

对于小型的馆藏石质文物，如果能够搬动，可放在一个密闭容器中通过毛细作用将加固剂溶液渗透至文物内部，浸泡时间长短，一方面与文物的薄厚有关，另一方面还与岩石孔隙率有关。采用真空浸泡，可以提高加固剂的渗透深度。

（四）灌浆法

对石窟寺加固一般采用灌浆加固法。灌浆主要工艺步骤包括：

1. 清洗表面、铲除杂草。可用高压水或高压空气流冲洗，用水洗的缝隙在灌浆前必须先用空气吹干，保证其黏结强度。

2. 涂脱膜剂，将有机硅树脂（或硅油）涂刷在岩石裂缝边缘，如有浆液漏出，脱膜剂的涂刷方便剔除，保护岩面不受到损伤。

3. 布灌浆管，以管长 10 cm～12 cm、直径 0.6 cm 的金属管为宜，如直径太大，安装时会多损坏石质文物表面。

4. 封缝：沿岩石缝隙用环氧树脂胶泥封缝，缝封得严密与否是灌浆成败的关键。封缝不严密，就会出现漏浆，灌浆的质量难以保证。

5. 检漏。

6. 灌浆，通过一定压力的压缩空气将浆料压进岩石的裂缝。

7. 修补做旧。

五、石材风化程度评定

了解石材的风化程度是对以后评价保护剂的性能所要做的前期工作。风化状况的表征主要采用点荷载试验得到强度指标，例如，采用回弹仪或微硬度计测其弹性强度和硬度；微测深化测出风化层深度（厚度）；可采用 X 射线衍射、X 荧光光谱分析仪、扫描电子显微镜、偏光显微镜、差热分析仪、岩石高压渗透仪等仪器设备分析石质文物的结构、形态、成分，对风化特征、风化产物进行检测。其他一些表征方法也能被选定测定，如：

1. 测定保护层的结构、形态、强度，加固材料渗透深度（采用无损检测法），加固材料在防护层内的吸附量（固结后的重量与处理前的重量比），加固材料在孔隙内的结构形态。

2. 测其加固前后石材的物理力学性能：孔隙率、透气性、抗拉、抗压（采用三点弯曲法[20]）和耐腐蚀强度（喷砂试验）。

3. 进行抗风化能力、耐老化性能、抗冻融试验、干湿交替试验。

4. 测试化学稳定性、耐酸性、抗污染性能（与静电系数有关）、耐盐类试验（Na_2SO_4 溶液浸泡）。

5. 测试防水侵蚀的能力、表面吸水率，求出毛细吸收系数、饱和吸水率，并计算出饱和水系数、透水性、憎水性（浸润角测试）。

此外，还要对防护材料性能指标进行测定。使用加固剂前需要对其物理性能、化学性能、使用性能进行测试，以便对加固剂有一个了解。因此，需要对加固涂料的粘度、比重、涂膜硬度、涂膜的冲击强度以及附着力进行测试。

测定粘度是测定高分子聚合物分子量的一种方法，涂料生产中可以通过对粘度的测试，来表示涂料及树脂聚合度或分子量大小，涂料的分子量太低，会影响涂膜的物理机械性能，但是分子量过高也会造成涂刷性和流平性差，不能使涂料发挥其保护和装饰作用。

所谓粘度是液体分子间相互作用而产生阻碍其分子间相对运动能力的量度，即液体流动的阻力，这种阻力或称内摩擦力。粘度的表示方法一般有四种，即绝对粘度、运动粘度、相对粘度、条件粘度。在这里，采用运动粘度作为粘度的表示方法。在此，采用毛细管法测定各加固剂的粘度。

比重是指涂料产品单位容积的重量，是物体在20℃时的重量与4℃时同体积水的重量之比，以 d_4^{20} 表示。一般采用金属制的比重杯来测定。这里采用QBB型涂料比重杯，采用修正公式：

$$d_4^{20}=X/100+0.01\times(t-20)$$

式中，X 为添加砝码之数，t 为测试时的温度（℃）。

硬度是表示漆膜机械强度的重要性能之一。其物理意义可理解为漆膜表面对作用其上的另一个硬度较大的物体所表现的阻力，这个阻力可以通过一定重量的负荷，作用在比较小的接触面积上，测定漆膜抵抗变形的能力。目前漆膜硬度的测试有三种方法：摆杠硬度测定法、克利曼硬度测定法、铅笔硬度测定法。这里我们采用摆杠硬度测定法，采用以下公式：

$$X=t/t_1$$

式中，t 为在漆膜上摆杠 $5^0 \sim 2^0$ 的摆动时间，t_1 为 440 秒。

漆膜的冲击强度是测定漆膜受高速度的负荷作用下的变形程度，表现了被试验漆膜的弹性和对地板的附着力。这里使用的仪器为冲击试验器以一公斤的重锤落在漆膜上，而不引起漆膜破坏的最大高度表示，单位为公斤·厘米，采用《漆膜耐冲击性测定法》GB1732-1979。

漆膜附着力是指漆膜与被涂物表面通过物理和化学力的作用结合在一起的坚牢程度。目前测附着力的方法有三类：切痕法、剥离法、画圈法。这里根据《漆膜附着力测定法》GB1720-1979 采用画圈法测定。

六、有机加固剂种类及优缺点

（一）环氧树脂

环氧树脂是含有环氧基的高分子聚合物，最普遍、最常见、使用范围最广的环氧树脂是双酚 A 型环氧树脂。环氧树脂分子结构中含有极活泼的羟基（-OH）和环氧基，其能与其他化合物的官能团如氨基、羧基、酯基等反应生成热固性高分子化合物，因分子的主键由 C-C 键、醚键（-O-）组成，故能使相邻界面产生电磁力，还能与金属表面的游离键起反应，形成化学键，有高度的黏合力。优点是机械强度高、化学稳定性好、收缩性小、结成的膜坚韧等，缺点是耐候性差、抗冲击性能差，用于岩石加固强度过高。

（二）聚氨酯树脂

黏结用聚氨酯可分为两大类：一类是纯异氰酸酯制成的黏合剂；另一类是由聚酯树脂与二异氰酸酯的混合物或者由二者的加成物制成的黏合剂。聚氨酯树脂的合成反应是加成聚合反应，不析出小分子副产物，在它的物质结构中，具有强极性的氨基甲酸基团和具有反应性的 N-H 键，因而在固化过程中既能形成线性的高分子，又能形成三维结构热固性高分子，同时在固化过程中也可以控制立体偶联网状连接的量。聚氨酯树脂固化后形成的高分子膜或块具有高强度、疏水性、耐磨性和耐化学腐蚀性及良好的黏结能力，但耐候性和耐热性稍差。所以用聚氨酯作岩石加固体时，岩石所含水分对它与岩石的黏结性影响很大，聚氨酯可在潮气中固化成膜或块。

（三）丙烯酸树脂

丙烯酸树脂是丙烯酸单体在引发剂作用下形成的聚合物。其加固机理是靠溶剂挥发后固化成膜起到加固作用的，岩石加固中最常见的如 Paraloid B72，近年来开发研制的 BW 系列（丙烯酸非水分散体）等，该物质主要是由 C-C 键、C-O 键组成的线状高分子，具有可塑性、弹性、无色透明、良好的耐候性、保光性、疏水性和化学稳定性，由于有弹性，使加固体有了良好的耐冲击性能。但耐磨性差，可透过紫外线，线型链结构上没有交联点，难以形成三维网状结构，因而成膜后强度低，但在酯类生成时引入刚性基团如环醇基、带有芳环的醇基，则聚合物形成的膜就更为坚硬。

（四）有机硅树脂

包括正硅酸乙酯、甲基三乙氧基硅烷和有机硅乳液等。有机硅树脂是由烷基硅氧烷聚合而成的。有机硅树脂与岩石表面有物理结合，有时会形成新的化学键，其最终形成的物质是稳定的硅化物，可起到明显的加固作用。有机硅树脂的结构中既包含无机聚合物组成的 Si-O 键，又包含有机聚合物结构中的 C-Si 键，所以有机硅树脂既具有无机物的一些特性，也具有有机聚合物的一些特性：优良的耐热性、耐候性、保光性和抗紫外光性能。有机硅树脂表面能低、不易积尘，具有抗玷污性，较硬，并具有疏水和透气性。

（五）有机硅改性丙烯酸酯树脂

是有机硅单体与丙烯酸单体、甲基丙烯酸单体的共聚物。有机硅改性丙烯酸酯树脂是由 C、Si、O 元素组成的，与岩石的成分是相同的，能很好地与石质文物匹配。它的加固机理是对岩石进行固化黏结，并没有改变岩石的结构状态，而是保持岩石结构的原状。有机硅改性丙烯酸酯树脂作岩石表面保护材料，它所形成的膜，无色透明、保光性好，又有抗玷污能力，能很好展现岩石的原貌。有机硅改性丙烯酸酯在岩石表面形成的保护膜硬而韧、抗水、透气、耐候性优良、耐化学腐蚀、抗紫外光，抗风沙侵蚀和雨淋侵蚀的能力强，能有效地对岩石进行保护，使用寿命持久。有机硅改性丙烯酸酯树脂本身的组成不含有重金属元素，不含对人体、环境有害的元素，在合成过程和分解过程中，不会产生有毒、有害物质。

高的耐候性，耐高低温，性能良好，优良的保光性和抗紫外光性能、疏水性和透气性，高的耐玷污性，固化膜坚而韧。与含氟树脂相比，耐候性差不多，但耐玷污性、附着性和价格方面占优势，并且具有很好的抗冻融能力和耐盐破坏能力。

第二节 岩石病害产生机理

温度的变化以及各种有害气体、水及生物的活动使石质文物在结构构造甚至化学成分上逐渐发生变化，使岩石由大块变成小块，强度由坚硬变得疏松，甚至组成岩石的矿物也发生化学反应，在当时环境下产生稳定的新矿物。这种由于温度、大气、水溶液和生物的作用，使石刻岩体发生物理状态和化学组分变化的过程称为风化[32]。

一、温、湿度与岩石病害

温、湿度是造成岩石风化的重要原因。岩石的导热性很差，在白天受到阳光照射时，外热内冷，夜间则外冷内热，产生冷热温差现象。大多数岩石是由多种矿物组成的，各矿物的膨胀系数不一致，导致颗粒间的连结被破坏。夏季遭曝晒的岩石突然受到暴雨的浇淋，岩石中的膨胀性矿物遇水膨胀，加速破坏石刻岩体颗粒间的联结和岩体表层与里层的联结，使岩石表层疏松产生裂缝，温度变化多造成岩石的鳞片状剥落。古崖居岩石表面多见鳞片状剥落现象。鳞片厚度与岩石中矿物颗粒的直径有关，粗砂岩中的鳞片厚度为 2.5 mm～4 mm，细砂岩中形成的薄片厚度 0.16 mm～1.1 mm。

石质文物中所含的水遇到低温时结成冰，水相到冰相的变化过程中，其体积增加 9.2%，在结冰和解冻作用循环进行下，充满岩石细小裂隙和孔隙中的水，由于体积变化而对裂隙和孔隙壁所造成的巨大膨胀压力，进一步促使裂隙扩大，并最终导致各个岩块之间的联系被减弱或破坏。

二、降雨与岩石病害

降雨对岩石的作用表现在：

1. 雨水对岩石洗蚀、冲刷，使松动的岩石颗粒脱落。
2. 雨水浸湿、软化岩石中的泥质物，在饱水状态下发生水化作用，造成体积膨胀使岩体胀裂。雨后泥质物干燥收缩脱落，形成大量微细裂隙，并逐渐扩大成空腔。
3. 雨水浸润在岩石表面，降水成分复杂，与石质文物组分及早期风化产物发生一系列化学作用生成各种可产生侵蚀破坏的盐类，使石质文物表层遭受强烈破坏。
4. 降雨的季节性分布使上述作用反复进行，风化破坏不断积累加剧。

三、酸雨与岩石病害

在降雨对岩石风化的影响中，酸雨沉降危害最大，因此，单独提出来研究。据联合国卫生署统计，全世界每年有 10 亿吨以上有害气体排入大气，这种趋势有增无减。因此，不得不考虑大气酸沉降物酸雨、酸雾直接降落在岩体上，对石质文物造成侵蚀，酸雨冲刷风化产物，进一步渗透，使石质文物表面侵蚀程度加深。

（一）空气中氮、硫、碳氧化物的腐蚀

氮的氧化物有害气体有 NO、NO_2、N_2O_5。

硫的氧化物有害气体有 SO_2、SO_3。

碳的氧化物有害气体有 CO_2、CO。

这些氧化物气体极易在各种石质文物表面，特别是露天石质文物表面遇到空气中水蒸气而形成无机酸腐蚀石质文物。

$NO+O_2$（空气中）$\rightarrow NO_2$（H_2O）$\rightarrow HNO_3$ $NO_2+H_2O \rightarrow HNO_3$

$SO_2+H_2O \rightarrow H_2SO_3$（空气中）$\rightarrow H_2SO_4$ $SO_3+H_2O \rightarrow H_2SO_4$

$CO+O_2$（空气中）$\rightarrow CO_2 \rightarrow H_2CO_3$ $CO_2+H_2O \rightarrow H_2CO_3$

这些无机酸对石质文物的腐蚀（特别是对以 $CaCO_3$ 为主的石质如大理石、汉白玉）是十分严重的，通过电子探针、X-射线衍射、质谱等分析手段对石质腐蚀产物分析证实，其风化的主要产物是 $Ca(NO_3)_2$、$CaSO_4 \cdot 2H_2O$、$Ca(HCO_3)_2$。以硅酸盐为主的石质如花岗岩的主要成分是长石 $K[AlSi_3O_8]$，其腐蚀产物主要是高岭土 $Al_2Si_2O_5(OH)_4$，酸雨对大理石、花岗岩类石质文物腐蚀风化机理可简单分述如下：

1. SO_2，SO_3 使大理石类文物产生风化如下式所示：

$CaCO_3+SO_2+H_2O \rightarrow CaSO_3$（空气中，氧气与水）$\rightarrow CaSO_4 \cdot 2H_2O$

大气尘埃中的金属氧化物、高温、高湿在风化过程起催化作用。腐蚀产物 $CaSO_4$ 不仅比 $CaCO_3$ 溶解度大，且能发生水合作用，产生水合物，使石质体积膨胀、硬度降低，加之雨水或岩石中水的冲刷，使石质文物表面形成的 $CaSO_4$ 溶解而产生条痕，使石质文物表面的细部形成粉状落脱。

2. CO，CO_2 使石质文物风化机理如下式所示：

$$CaCO_3 + CO_2 + H_2O \rightarrow CaHCO_3$$

CO 在空气中氧化为 CO_2，使以 $CaCO_3$ 为主的大理石、汉白玉，在 CO_2 和水的作用下转化为易溶的 $Ca(HCO_3)_2$，在干燥时结晶，产生的结晶压力使石质文物开裂产生裂隙、遇潮结晶又重新溶解，如此长期反复变化，使石质文物不断风化。

CO_2 使以硅酸盐（长石 $K[AlSi_3O_8]$）为主的花岗岩形成碳酸盐和高岭土：

$2K[AlSi_3O_8] + CO_2 + 2H_2O \rightarrow Al_2Si_2O_5(OH)_4$（高岭土）$+ K_2CO_3$（可溶盐）$+ SiO_2$（呈颗粒）$K_2CO_3$、流失的 SiO_2 被水带走，而剩下松软的高岭土，因而花岗岩质地自然变松软。

3. NO，NO_2 使石质文物风化的机理，NO 在空气中遇氧很快变成 NO_2，再遇空气中水蒸气，在石质文物表面形成腐蚀性很强的硝酸，使石质中不溶于水的 $CaCO_3$ 转变为可溶性的 $Ca(NO_3)_2$ 随水流失，其转变的化学反应如下：

$$CaCO_3 + 2HNO_3 \rightarrow Ca(NO_3)_2 + H_2CO_3 \rightarrow CO_2\uparrow + H_2O$$

（二）空气中有害氢化物气体的腐蚀

空气中有害氢化物气体主要是氯化氢和硫化氢。

1. 氯化氢（HCl）对石质文物的腐蚀是通过下列复分解反应进行的：

$$CaCO_3 + 2HCl \rightarrow CaCl_2 + H_2CO_3 \rightarrow CO_2\uparrow + H_2O$$

HCl 使石质中的 $CaSiO_3$，$K[AlSi_3O_8]$（长石）也发生复分解反应：

$$CaSiO_3 + 2HCl \rightarrow CaCl_2 + H_2SiO_3 \rightarrow SiO_2 + H_2O$$

这些在石质文物表面的复分解反应，使石质文物表面酥粉、脱落、剥蚀。

2. 硫化氢有害气体对石质文物腐蚀

大多数石质文物中都含有一些金属元素及其化合物，如石质中若有 Fe^{2+} 的化合物，遇到 H_2S 后就会产生黑色的 FeS，其反应如下：

$$Fe^{2+} + H_2S \rightarrow FeS（黑）+ 2H^+$$

如果石刻有彩色，H_2S 还会和红色铅丹（Pb_3O_4）和白色铅白（PbO），生成黑色 PbS：

$$Pb_3O_4（红）+ H_2S \rightarrow PbS（黑）+ H_2O$$

四、风的剥蚀作用与岩石病害

风的破坏主要是剥蚀作用，刮掉石质文物表面疏松颗粒，使风化作用继续深入。同时，借助风力将雨雾刮到不能直接降落的部位，加强和扩大了雨水的破坏作用。

五、水（地表水、地下水）与岩石病害

在潮湿状态下，岩石的力学强度会大大降低，所以水是加速石质文物风化的重要因素之一。

（一）水的渗透引起石质文物的风化

石质文物在受到水渗透以后，其中的矿物和胶结物充水，产生化学反应，生成一些盐类物质，使岩石软化，从而减弱了石质文物的抗风化能力。

（二）水合作用引起石质文物风化

在溶液中溶质分子和溶剂分子相结合而生成的一种特殊的组成不定的化合物，叫作溶剂化物。所以对某些溶质来说，溶解不仅是一个物理过程，也是一个化学过程。在一般溶剂中，水分子的极性较强，它常常和一部分溶质分子结合成水合物，生成水合物的过程叫作水合作用。在自然界中，水合作用是指把水结合到矿物晶格中去的作用，水在矿物中常呈 nH_2O 的形式出现，水进入矿物晶格中成为结晶水，形成新的含水矿物，如生石膏转变为熟石膏。

$$CaSO_4 + 2H_2O \rightarrow CaSO_4 \cdot 2H_2O \rightarrow 2CaSO_4 \cdot H_2O$$

这样，矿物由坚硬变成松软，体积显著增大。体积增大时对岩石产生压应力，促使其发生破裂。

（三）水解作用引起石质文物风化

水解作用是指水中呈离解状态的 H^+ 和 OH^- 离子与被风化岩石矿物中的离子发生交换的反应。即由水电离而成的 H^+ 与矿物中的碱金属离子（K^+、Na^+）及碱土金属离子（Ca^{2+}、Mg^{2+}）进行置换。自然界广泛存在的硅酸盐矿物，主要就是通过这种形式被破坏的。水解的结果引起矿物的分解，水中的 OH^- 离子和矿物中的金属阳离子一起溶解于水而被带出，部分金属阳离子可被胶体吸附。水解反应是一种放热反应，并且伴随着反应产物的体积增大。

岩石中的长石遇水后形成带 OH⁻ 的新矿物高岭土。

$4KAlSi_3O_8$（长石）$+6H_2O \rightarrow Al_4(Si_4O_{10})(OH)_8$（高岭土）$+8SiO_2+4KOH$

此水解反应是不可逆的，其中生成的氢氧化钾和二氧化硅呈液态随水迁移或以颗粒状态流失，而松散的高岭土残留原地，这也是造成石质文物风化的原因。

石质文物的风化原因很多，而且极为复杂，以上仅就其风化的主要原因进行了分析研究。

六、可溶盐与岩石病害

可溶盐对石质文物的破坏既严重又复杂，既有化学作用的破坏，又有物理作用的破坏。可溶性盐溶解，侵入石质文物的内部，引起石质文物的崩裂和剥蚀。

盐对石质文物的破坏是仅次于水的第二因素，它对石质文物的破坏力集中表现为结晶风化、结晶压力、水合压力、吸潮膨胀、升温膨胀所形成的应力。由于盐的作用，使石质文物变得酥松，是石质文物最主要的风化原因，而盐的存在，一是石质文物本身附带的结晶盐，二是后天石质文物成分与空气中的酸性气体结合生成的盐。三是通过石质文物的微细孔、细裂隙经毛细现象进入石质文物内。盐在石质文物内形成结晶后产生很大的压力，也就是结晶压力，结晶压力越大，对石材的破坏力也越大。一些盐也在一定条件下，转化成重新结晶的水合物，进而占据更大的体积，产生额外的压力，即水合压力。可溶性盐的分子式里均有大水分子存在，随着温度的变化，压力相应变化，反复的应力变化，最终使岩石局部呈现粉末状、碎屑、鳞片状。盐对石质文物的破坏往往是借助水分、风力同时反复在石质文物表面溶解—析出—再溶解—再析出，最终造成石质文物的破碎。

七、生物引起岩石病害

生物病害是指由于生物活动而对岩石造成的破坏。

（一）生物的机械风化作用

植物树根在石刻岩体的裂隙中长粗，对裂隙两壁产生压力，据测算这种压力可达 1 MPa ~ 118 MPa，最终会导致岩石破裂，称为根劈作用。

（二）生物的化学风化作用

生物的化学风化作用指生物的新陈代谢产生的分泌物和生物死亡后有机体的腐烂分解的产物对石刻岩体的化学破坏作用。植物和细菌在新陈代谢中常常析出有机酸、硝酸、亚硝酸、碳酸和氢氧化铵等溶液，腐蚀石刻岩体并在石刻表面形成淀积物。腐殖质也是一种有机酸，对石刻岩体有腐蚀作用。微生物对岩石的化学风化作用较强烈，它们不停地创造各种酸类物质，其分解能力远远超过全部动植物所具有的化学分解能力，在微生物的参与下可加速石刻岩体的化学风化作用。

第三节　研究计划部分

一、目的和意义

延庆古崖居石洞因常年大面积渗水，岩壁脱落严重。由于洞窟开凿于沙砾（砾状）花岗岩石上，石质疏松，颗粒粗糙，遗址区自然风化严重，加之人为因素的破坏，部分洞窟内、外侧岩壁酥粉严重，用手稍触，即有沙石剥落。为使遗址得到有效保护，有必要对古崖居遗址病害的形成机制及破坏模式进行全面的分析，进而提出有效的防治措施。

二、主要研究内容

1. 研究古崖居遗址病害的生成及破坏机理、岩石风化规律，为去除病害提供理论依据。

2. 筛选防风化加固剂。根据所查阅的文献，选择加固剂，然后进行物理化学性能研究，选择效果最优的加固剂配方并进行加固研究，对加固后的各项性能进行研究。

3. 研究最合适的施工工艺，并且进行现场应用。

三、研究方案

（一）技术路线

1. 采用扫描电镜、X光衍射仪，对现场采的石材进行石材形貌、成分分析[34][35][36]。

2. 采用万能强度试验机，对现场采的石材物理性质进行检测。

3. 分析古崖居危岩体的病害机理，进行模拟老化试验。

4. 利用相关领域的检测标准，对待评价的加固材料，进行热老化、光老化、冻融、耐酸、耐碱、耐盐、耐水、透气性、渗透深度等试验，以综合评价加固材料的优劣。

5. 选取一种加固效果最好的材料，作为延庆古崖居危岩体的加固剂，并进行保护工程的施工。

（二）拟解决的关键问题

1. 根据对采集样品所测得数据，研究崖体岩石的风化历程、程度、原因及风化后的强度。

2. 加固剂的筛选和性能研究。

3. 选择合适的施工方式及浓度、遍数。

4. 如何检测加固效果。

四、难点分析

1. 因为石质文物不能再生和必须"整旧如旧、保持原貌"的特殊要求，进行化学保护剂实地试验都极为谨慎，一般仅在小面积或个别造像上进行。根据各地试验情况，有的加固剂涂抹后，或改变了石刻原色，或经几年风吹雨打，即出现褶皱，或出现破裂，致使保护失效，或达不到理想效果。因此，至今还没有在哪一个石刻区大面积涂抹某种化学加固剂进行全面保护。所以，没有前人的经验可以借鉴，防风化加固剂的筛选和施工工艺需要大量摸索。

2. 在实验室进行防风化加固剂模拟对比实验的基础上，深入分析结果。推断现场可能遇到的问题，提出现场应急预案。另外对防风化加固剂的可逆性及二次加固性进行评估。

3. 因为岩石风化层的厚度不均且风化程度不同，因此，加固效果的检测变得很困难。

五、研究成果及创新点

通过深入分析古崖居遗址病害产生机理，提出合理的保护措施，并筛选出性能较好的化学保护剂。若化学保护剂达到预期的加固效果，将根治古崖居类遗址风化问题，在岩石类遗址的保护上取得突破性的进展。

第二章　古崖居遗址岩体现场调查及测试

第一节　古崖居遗址概况

我国建筑的起源，大约有二：其一是山崖黄土之地，往往利用山崖洞窟，稍事加工以为居处；其二则是在丛林、沼泽之地，往往利用林木枝杆搭架而居，古书上称之为"穴居野处"和"构木为巢"。古崖居是古代人在陡峭的山崖上凿建的居室，属于"穴居野处"的一种。多建于山地丘陵地带，在我国主要分布于西北、福建武夷山及华北一带。

延庆古崖居位于延庆西北部张山营乡东门营村北山沟谷内。1984年由延庆县文管所于文物普查时发现，1990年2月被定为北京市第四批文物保护单位，现为一处对外开放的文物名胜游览区。

古崖居遗址依山凿建，从山谷中行走可见三面崖壁上较集中地分布着高低不等、大小不一的石窟群，当地将其称为洞沟石窟。从北京市文研所所做的勘测调查可知，洞窟遗址集中开凿于"前沟"和"后沟"内。目前有编号的洞窟约120座，洞室约201间。窟室分为单室、双室、三室、多室等。根据室内陈设可分为有炕洞窟、有畜槽洞窟（或二者兼有）及无炕洞窟三类。一些石室内遗留有火炕、灶炕、锅台、石窗、壁橱、烟道、气孔、石龛、马槽等设施，俨然一处石窟居住村落。其中一座俗称"官堂子"的洞窟正处于窟群遗址的中心位置。洞窟分上下两层，开间大且高，除炕、灶、窗外，还

图 2-1 "官堂子"洞窟

凿有龛、坛等，是当地规模最为宏大的窟室（见图 2-1），估计是首领居住或民众聚会、议事之处。

从目前对文物遗存调查情况看，延庆古崖居是北京地区发现的规模最大、最为集中的洞窟遗址，它为研究该地区的历史以及当时人们的生产、生活状况提供了珍贵的实物资料。因此，保护好这处文物遗存，具有十分重要的历史价值和文物价值。

但是，目前严重的风化、结构裂隙和渗水现象已经构成对这一珍贵遗址的严重威胁，成为延庆古崖居保护开发工作中不得不考虑的问题。

第二节　古崖居病害种类及延庆古崖居的病害特征

千百年来，人们在崖体上开挖了数以千计的洞穴。从地质工程的角度看，这些人为开凿的密集洞窟改变了崖体初始的应力平衡状态，造成了崖体的应力重新分布，这是影响崖体稳定性的最主要因素。然而，它们却又是文物古迹保护的核心所在。因此，在文物保护科学中，应该将洞窟与崖体视作一个文物古迹整体来加以保护研究。

经过调查，初步认为洞窟群所遭受的病害主要为大气降水对崖面及洞窟的侵蚀，直立崖体表面存在的各类裂隙对洞窟稳定性的影响。

一、裂隙发育

由于地质构造运动以及洞窟开挖的影响，崖体中形成了大量的裂隙，这些裂隙对整个坡体的稳定起着控制作用。可大致归结为四类，即构造裂隙、卸荷裂隙、层间裂隙以及纵张裂隙[32]。

由于大多数崖体存在着上述四类不同性质的裂隙，使得崖体的整体结构遭到不同程度的破坏，在地震等外力作用下，极易产生崩塌和岩体下错，在不同部位产生多处危岩体、危石或裂隙切割洞窟，威胁洞窟的安全。同时裂隙本身又会成为大气降水向岩体深部渗入的通道，加速深部岩体风化。

二、雨蚀

崖面上随处可见雨水冲刷的痕迹，在崖顶上也布满了或大或小的雨水冲沟。短时间内强烈的大气降水在崖面及崖顶上汇合而形成面流，冲刷崖体。在造成崖面上部洞窟崩塌后，继续向下冲刷，沿裂隙渗入下层洞窟，从而造成更大的破坏，最终导致洞窟的坍塌。

三、风蚀、风化

风蚀、风化是造成洞窟崖面侵蚀、崖体破坏的自然因素之一。

图 2-2 裂隙 1

图 2-3 裂隙 2

第二章 古崖居遗址岩体现场调查及测试

图 2-4 部分洞室

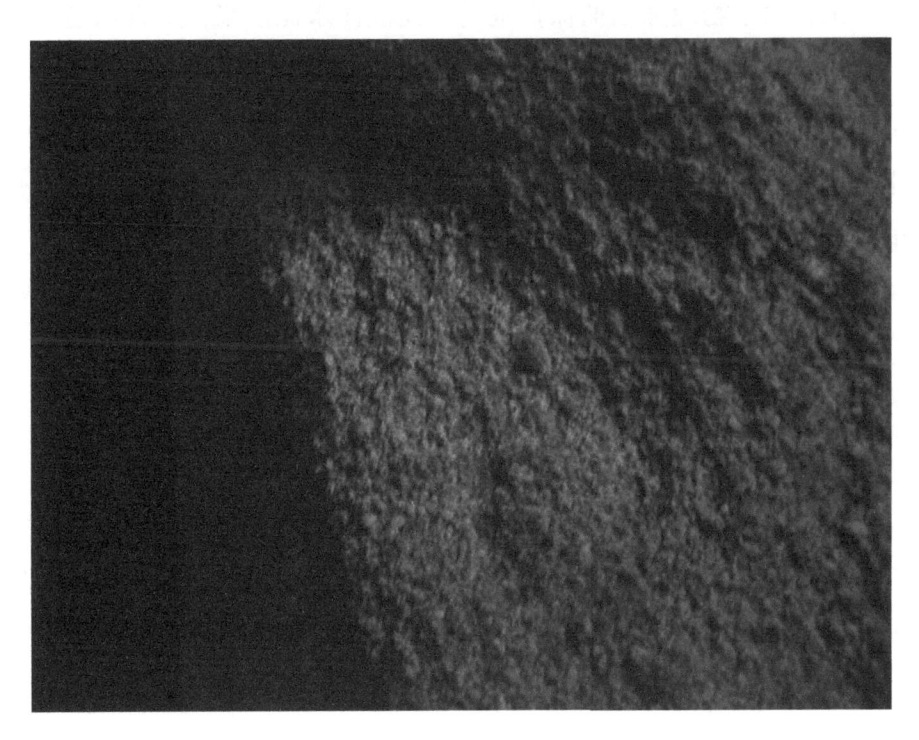

图 2-5 沙砾花岗岩

从现存情况看，古崖居的保存状况令人担忧。虽然地方的文物部门已经采取了一些保护措施，但对于古崖居这处文物遗址的保护还是远远不够的。

由于洞窟遗址开凿于沙砾花岗岩石的山坡上，在雨、雪、风、沙等自然营力的破坏下，窟崖壁面酥粉严重，用手轻微触摸，沙粒和石屑即层层剥落。一些石柱、石龛、脚窝、柱础等诸多遗迹已渐变模糊。不少地方出现大小不等的裂隙（见图2-2、图2-3），细处几厘米，宽处可达几十厘米。山岩崖体裂隙的产生和发展速度也相当惊人。位于后沟崖壁上的洞窟即是因为山体裂隙的不断延深、加宽，导致崖体前沿崩塌，使大部分洞室直接暴露于露天（见图2-4）。由于雨、雪、风、沙可毫无遮挡地侵入室内，所以风化愈加严重。而新出现的裂隙又会导致新的崩塌出现。由于沙砾花岗岩的岩质疏松、颗粒粗糙（图2-5），因此自身耐风化性能极差。所以，做好古崖居洞窟的加固、保护工作已迫在眉睫。

从管理处已进行的修缮工程看，打钢箍加固墙体、封堵天窗、加防护罩等保护工作属于物理加固的保护范畴；而灌注水泥沙浆，加砌钢筋水泥墙体，以及泼洒水泥沙浆封护岩体等工作均涉及到水泥的使用。由于水泥与构成崖体的沙粒和石屑有着本质的区别，因此有些方法在实施后看起来似乎使岩体得到了加固，但实际上却对窟崖造成了破坏，而且有碍观瞻。如若长期使用水泥进行加固和保护，后果将不堪设想。因此我们认为，在积极做好古崖居遗址保护工作的同时，更要注意文物保护这项工作的科学化和合理性。

第三节　岩石样品

此次用于分析检测的岩石样品取自古崖居山体崩塌下的岩石。由于一些岩石风化非常严重，搬动中就会破碎散开，更难以切割成形，比如一个风化比较严重的样品，经一周期的冻融，就已经完全分解。所以，为了便于分析比较，以及考虑所有试验的稳定性，和可切割成形性，因此，所有空白和用于加固的样品，都选择了风化程度相近的一块岩石切割后进行比较试验，该样品风化程度比较严重，但是搬动时还不至于破碎。

第四节　古崖居岩石成分及性能测试

一、矿物成分测试及含量分析（半定量）

进行矿相分析的主要目的是确定岩体主要矿物组成，岩石矿物组成分析手段一般对粉末进行 X 射线衍射测试，能够进行定性分析和半定量分析，进行试样化学提取分离，可以大大提高半定量分析准确度。本试验采用定性分析和半定量分析同时进行测试。

检测仪器：D/max2500 VB2+/PC 多功能 X 光衍射仪

生产厂家：日本株式会社

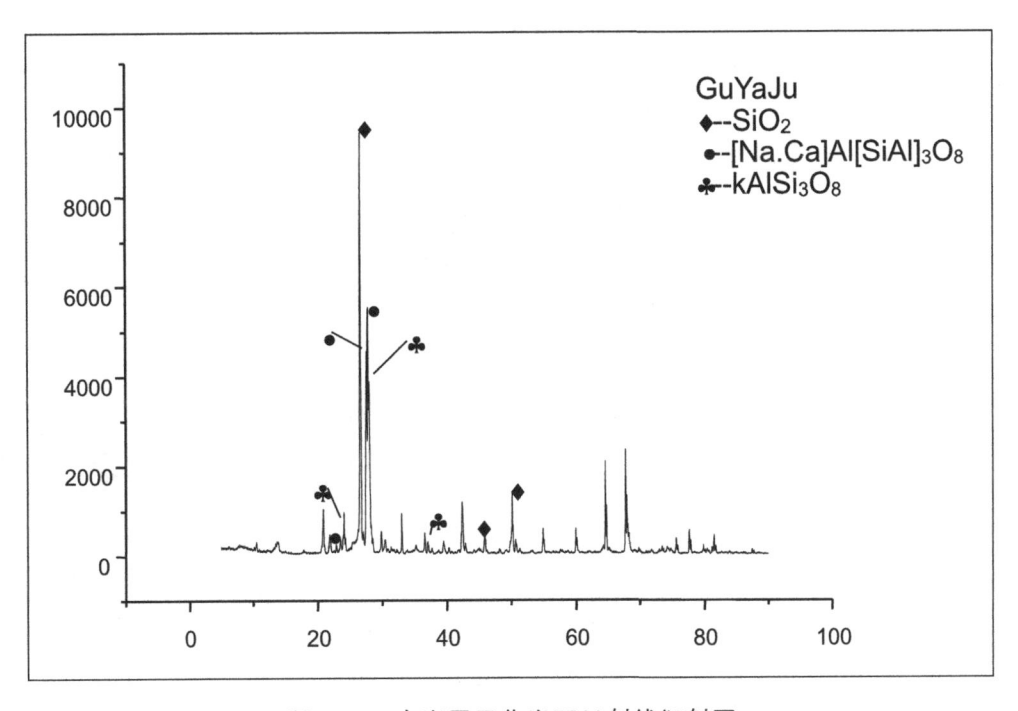

图 2-6　古崖居风化岩石 X 射线衍射图

检测条件：8°/mm，步宽为0.02°，Cu靶，管压40 KV，管流100 mA。

检出物相：斜长石、钾长石、石英、透闪石、蒙脱石、毛沸石。

见表2-1。

表2-1 古崖居岩石样品矿物成分半定量分析结果

矿物名称	斜长石	钾长石	石英	透闪石	蒙脱石	毛沸石
百分含量	51%	29%	16%	2%	1%	1%

二、古崖居样品SEM形貌

测试用以表征古崖居风化岩石表面的微观显微形态。测试条件：操作电压20.0KV；放大倍数100倍~6000倍。

图2-7 古崖居风化岩石SEM照片

检测仪器：日立 S4700 扫描电镜测试仪。

从放大 5000 倍的古崖居严重风化的样块照片（图 2-7）上，可以看出风化岩石基本呈颗粒状，颗粒半径较小且颗粒间缝隙较深。

三、古崖居样品强度测试

A. 抗压强度

样品尺寸：5 cm × 5 cm × 5 cm。

检测仪器：Instron 3369 万能强度试验机。最大载荷 50 kN；传感器 50 kN；压缩速度：10 mm/min。

抗压强度：见表 2-2。

表 2-2　古崖居岩石样品抗压强度

样品编号	1	2	3	4	5	平均
抗压强度 MPa	1.37	1.35	1.59	2.08	2.41	1.76

注：由于岩石风化极其严重，切割成形样品难度很大，而且强度相差很大，此数值仅供参考。

B. 抗折强度（三点弯曲）

样品尺寸：10 cm × 5 cm × 1 cm。

支撑点距离：6 cm。

检测仪器：Instron 3369 万能强度试验机。最大载荷 50 kN；传感器 50 kN；压缩速度：10 mm/min。

抗折强度：见表 2-3。

表 2-3　古崖居岩石样品抗折强度（三点弯曲）

样品编号	1	2	3	4	5	平均
抗折强度 MPa	0.13	0.03	0.06	0.07	0.11	0.08

注：由于岩石风化极其严重，切割成形样品难度很大，而且强度相差很大，此数值仅供参考。

第三章 古崖居危岩体病害机理模拟研究

第一节 石材样块的选择

在古崖居风化岩石成分分析、力学性能测试以及扫描电子显微镜微观

图 3-1 长方形石样 10 cm×5 cm×1 cm

图 3-2　正方形石样 5cm×5cm×5cm

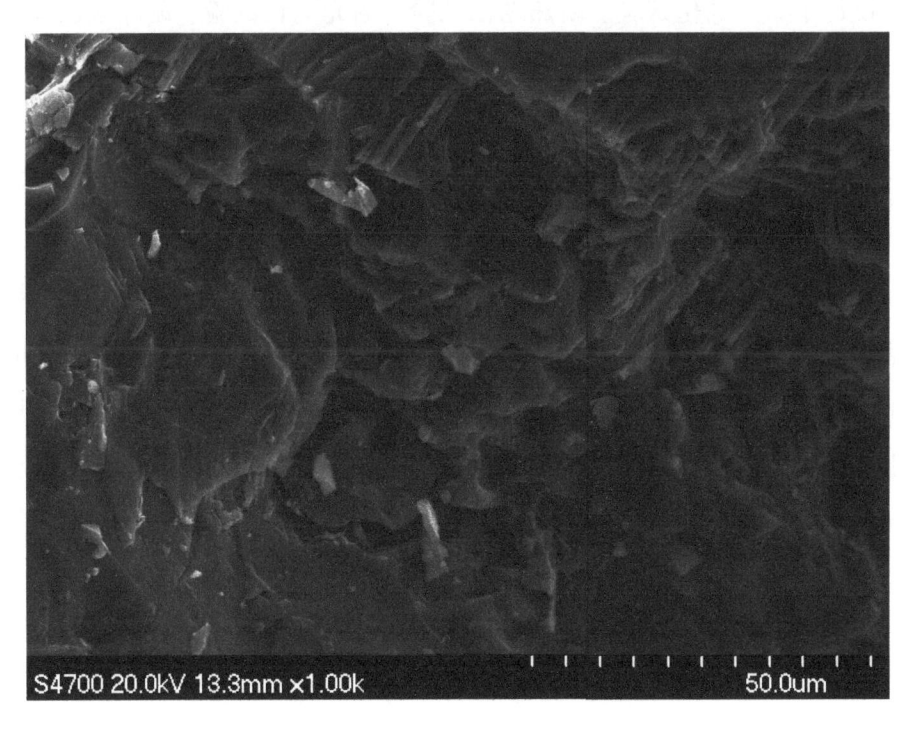

图 3-3　新鲜石样的内部微观结构

观察的基础上，采集了一些古崖居风化岩石样品。然后，到当地石材市场选配了一批同材质、同成分、同产地的新鲜石材（未风化石材），并切割成 10 cm×5 cm×1 cm 和 5 cm×5 cm×5 cm 两种尺寸的石材样块，为后面实验备用。

从电镜照片中可以看出新鲜石样内部结构致密，颗粒与颗粒之间结合牢固，无裂隙、无空洞、无剥离，断口层次分明。

新鲜石材（未风化石材）性能数据见表 3-1。

表 3-1 新鲜石材（未风化石材）性能数据

组号	回弹强度（MPa）	抗压强度（MPa）	抗折强度（MPa）	表面状况
未风化石材	31.00	152.43	9.04	表面光滑，无坑洼

根据前文对古崖居岩体病害产生机理的理论分析，并结合现有的试验条件，设计了耐酸老化试验、耐热老化试验、耐光老化试验、耐冻融试验、耐盐试验。

第二节 耐酸老化研究

本试验目的是评价岩石耐酸腐蚀的能力，实际酸雨含少量硫酸、盐酸和硝酸，本次试验分别使用不同浓度的硫酸、盐酸和硝酸，并浸泡不同的时间（样块分为 5 cm×5 cm×5 cm 和 10 cm×5 cm×1 cm 两种）。浸泡后，用蒸馏水冲洗 3 次，并用蒸馏水浸泡 1 h 去尽残酸，烘干后，观察表面有无起泡、开裂、剥落、变色情况。分别测量质量损失、回弹强度、抗压强度、抗折强度，结果见表 3-2、表 3-3、表 3-4。

表 3-2 硫酸老化试验数据

组号	浓度	浸泡时间（h）	回弹强度（MPa）	抗压强度（MPa）	抗折强度（MPa）	质量损失率 %
新石材			31	152.43	9.04	
1	0.05mol/L（4.9%）	24	30.6	145.69	8.88	0.02
2	0.05mol/L（4.9%）	120	29.6	134.30	8.55	0.06
3	20%	48	26.5	125.70	7.11	0.26
4	20%	240	25.8	115.90	7.25	0.79
5	30%	168	24.8	109.39	6.80	1.31

表 3-3 硝酸老化试验数据

组号	浓度	浸泡时间（h）	回弹强度（MPa）	抗压强度（MPa）	抗折强度（MPa）	质量损失率 %
新石材			31	152.43	9.04	
1	0.1mol/L（6.3%）	24	30.40	135.7	8.71	0.03
2	0.1mol/L（6.3%）	120	28.90	131.9	8.34	0.09
3	20%	48	26.30	126.39	6.80	0.31
4	20%	240	23.40	115.69	6.47	0.91
5	30%	168	20.33	106.9	5.92	2.09

表 3-4 盐酸老化试验数据

组号	浓度	浸泡时间（h）	回弹强度（MPa）	抗压强度（MPa）	抗折强度（MPa）	质量损失率 %
新石材			31	152.43	9.04	
1	0.1mol/L（3.6%）	24	30.30	136.39	8.80	0.03
2	0.1mol/L（3.6%）	120	29.40	132.69	6.88	0.07
3	20%	48	26.90	124.30	7.15	0.36
4	20%	240	24.80	115.70	6.22	0.76
5	30%	168	22.40	105.90	6.34	1.39

图 3-4　新石材 SEM 照片

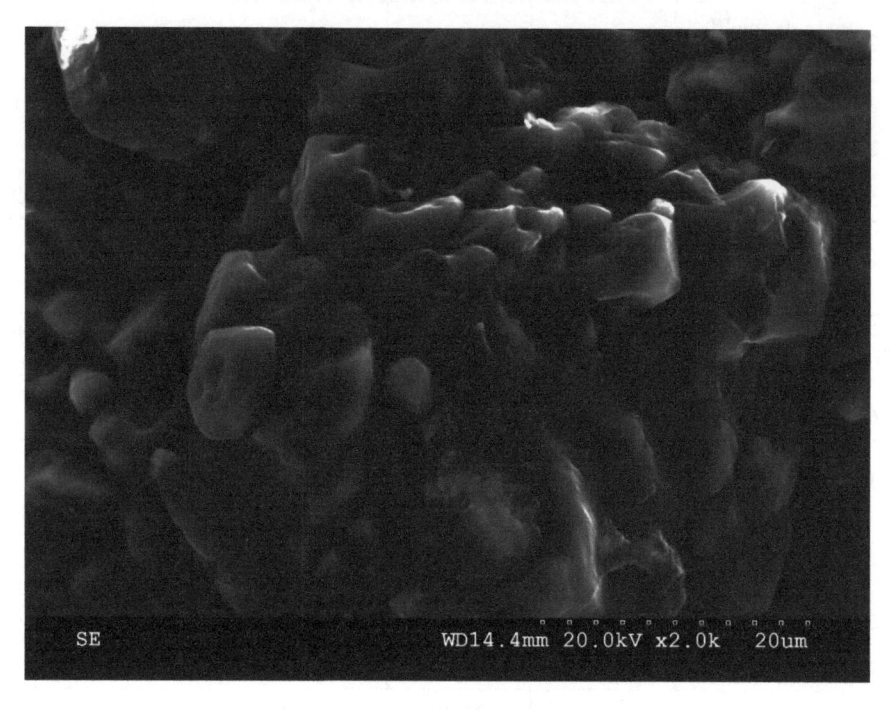

图 3-5　30% 硝酸老化 168h 后 SEM 照片

石材在 0.05 mol/L 的硫酸和 0.1 mol/L 的硝酸中浸泡一段时间后，对石材进行测试，回弹强度数据如表 3-5 和图 3-6。

表 3-5　不同酸浸泡时间下石材的回弹强度（MPa）

	原样	硫酸					硝酸				
时间 /h		1	10	24	72	120	1	10	24	72	120
平均值	31.0	25.6	22.7	23.9	23.4	18.0	21.0	20.2	21.0	18.3	16.3

根据表 3-6 和图 3-6 试验数据可知，石材经过硫酸和硝酸浸泡后，回弹强度会出现明显的降低，而且随着浸泡时间的延长，回弹强度也会随之下降，浸泡在硫酸和硝酸中 120 h 后，回弹强度分别下降了 41.9%、47.4%。两种酸浸泡条件下，硝酸的老化作用比硫酸要快，因为硝酸对岩石表面的剥落作用要强于硫酸。

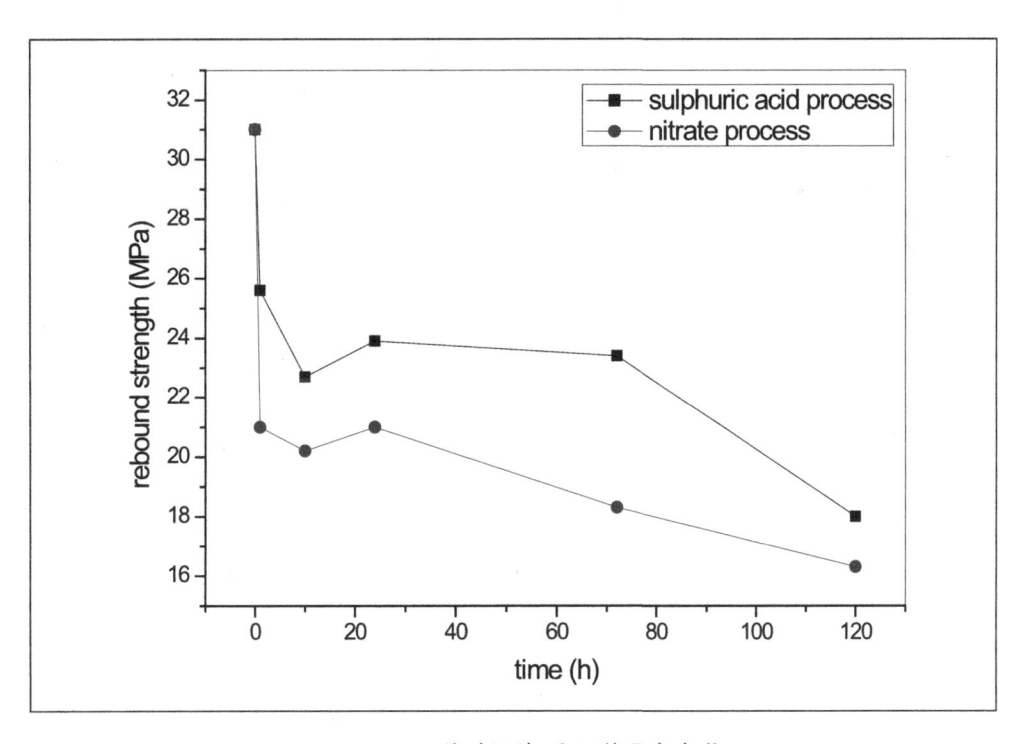

图 3-6　两种酸浸泡后回弹强度变化

石材浸泡前后的质量损失见表 3-6 和图 3-7。

表 3-6 两种酸浸泡后质量损失

时间 /h	质量损失 /g			
	硫酸		硝酸	
	长方	立方	长方	立方
1	0.11	0.40	0.32	0.41
10	0.21	0.61	0.30	0.42
24	0.10	0.18	0.42	0.30
72	0.20	0.30	0.10	0.48
120	0.09	0.11	0.18	0.40

从表 3-5 中，可以看出新石材经过不同浓度硫酸浸泡不同时间后，回弹强度由 31 MPa，最低下降到 24.8 MPa。抗压强度由 152.43 MPa，最低下降

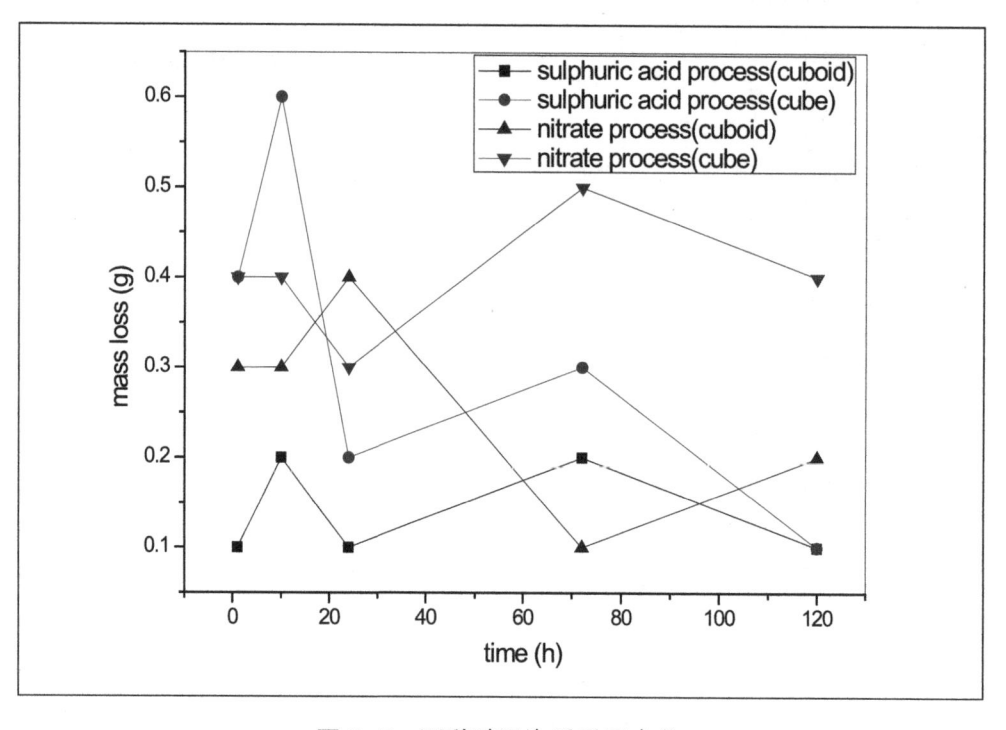

图 3-7 两种酸浸泡后质量变化

到 109.38 MPa。抗折强度由 9.04 MPa，最低下降到 6.80 MPa。质量损失率达 1.31%。

从表 3-3 中，可以看出新石材经过不同浓度硝酸浸泡不同时间后，回弹强度由 31 MPa，最低下降到 20.33 MPa。抗压强度由 152.43 MPa，最低下降到 106.9 MPa。抗折强度由 9.04 MPa，最低下降到 5.92 MPa。质量损失率达 2.09%。

从表 3-4 中，可以看出新石材经过不同浓度盐酸浸泡不同时间后，回弹强度由 31 MPa，最低下降到 22.4 MPa。抗压强度由 152.43 MPa，最低下降到 105.9 MPa。抗折强度由 9.04 MPa，最低下降到 6.34 MPa。质量损失率达 1.39%。

小结

1. 因所选实验样块材质为花岗岩，内部成分含硅多、含钙少，所以与酸反应较为缓慢。最初用 pH 值为 1 的硫酸、硝酸、盐酸，分别浸泡 24h 后，实验样块的各项参数，变化很小，均下降不到 10%。且实验样块表面有光泽，无坑洼。

2. 酸的浓度大于 20% 时，实验样块的各项物理性能，开始快速地随着酸浓度及浸泡时间的增大而减小。且石材表面出现坑洼，和新岩石（图 3-1）相比，岩石颗粒边角逐渐由棱角分明变得刨囵、圆滑（图 3-2）。其中 30% 硝酸老化 168 h 后，回弹强度下降率为 34.41%，抗压强度下降率为 30.53%，抗折强度下降率为 34.51%。质量损失率达 2.09%，接近其他酸损失率的 2 倍。30% 硝酸的酸腐蚀效果为 3 种同浓度酸中较好的一种。

3. 由此可见，室外石材被酸雨腐蚀、风化是个缓慢的过程。因为酸雨的酸性要远远小于 pH 值为 1 的酸，所以要达到图 3-2 中的风化程度，可能需要上百年的时间。

第三节 耐热老化研究

本实验目的是评价岩石耐热老化的能力，及温度对石材的影响。新实验样块分别在40℃、60℃、80℃、100℃、120℃热老化箱中连续老化480 h。老化后分别测量质量损失、回弹强度、抗压强度、抗折强度，结果见表3-7。

表3-7 热老化试验数据

组号	温度（摄氏度）	老化时间（h）	回弹强度（MPa）	抗压强度（MPa）	抗折强度（MPa）	质量损失率（%）
新石材			31.00	152.43	9.04	
1	40	480	26.11	147.38	6.88	0.0436
2	60	480	24.78	137.70	7.11	0.0691
3	80	480	23.56	133.30	6.80	0.0557
4	100	480	22.89	121.30	7.15	0.0618
5	120	480	20.56	70.80	7.06	0.1076

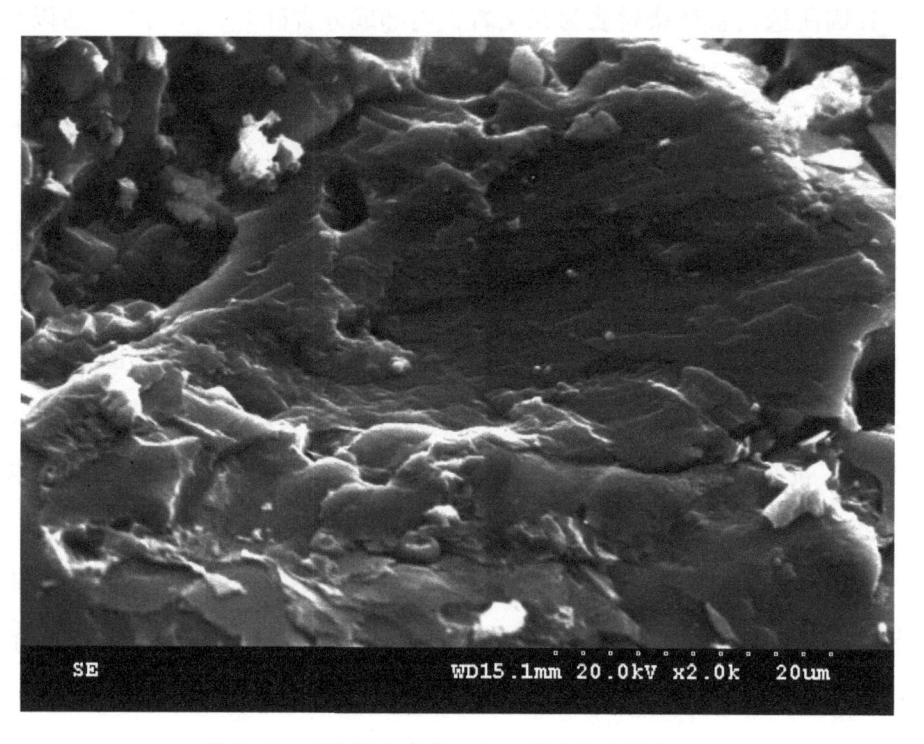

图3-8 120℃热老化480h后SEM照片

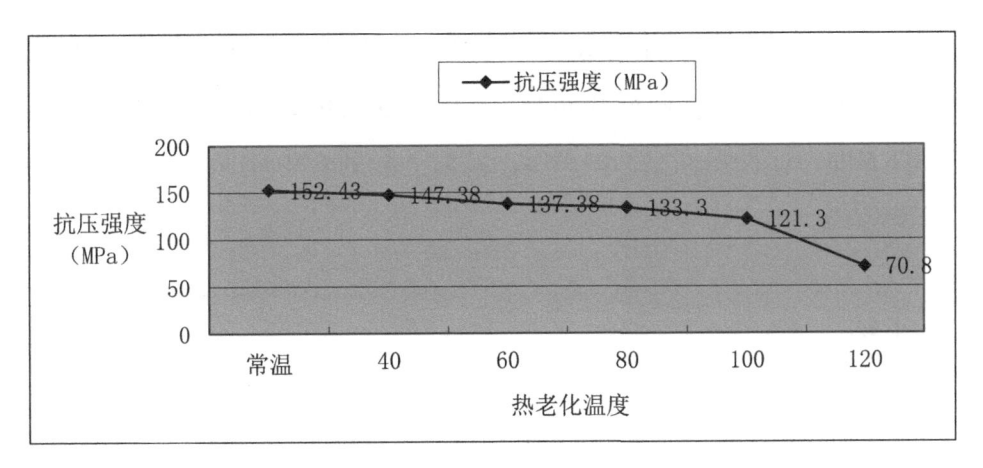

图 3-9　各温度热老化 480 h 后回弹强度

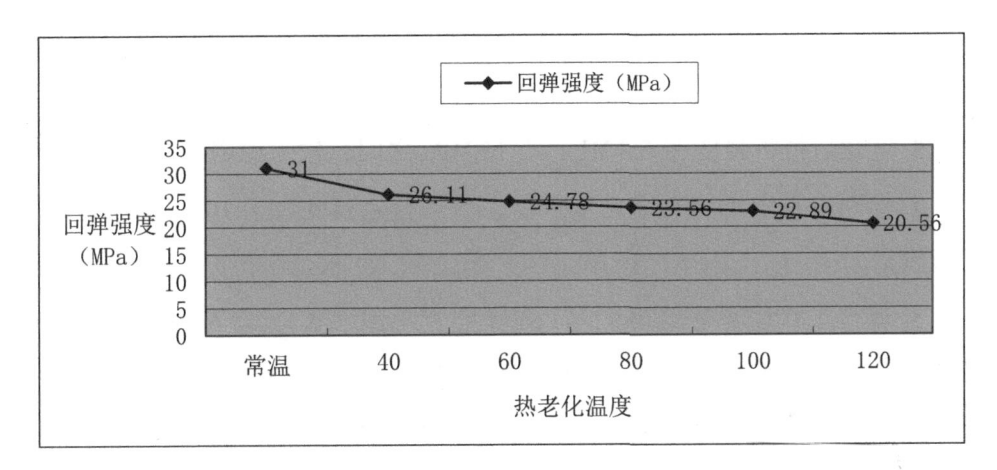

图 3-10　各温度热老化 480 h 后抗压强度

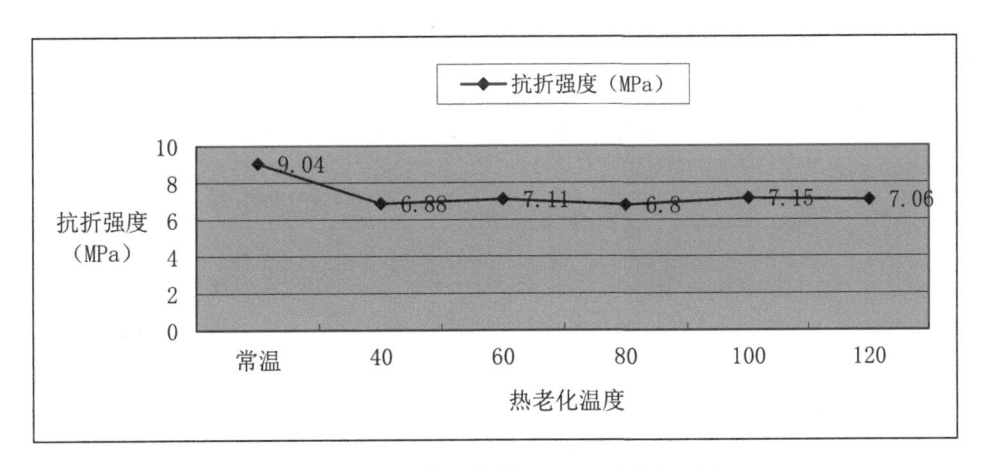

图 3-11　各温度热老化 480 h 后抗折强度

从表 3-7 中，可以看出未风化石材经过不同温度热老化后，回弹强度由 31 MPa，最低下降到 20.56 MPa。抗压强度由 152.43 MPa，最低下降到 70.8 MPa。抗折强度由 9.04 MPa，最低下降到 6.80 MPa。质量损失率达 0.1076%。

小结

1. 热老化温度小于 100℃时，回弹强度、抗压强度呈阶梯状下降。质量损失率也较稳定，均小于 0.1%。

2. 热老化温度为 120℃时，抗压强度下降高达 53.55%。质量损失率增大一倍。

3. 老化后抗折强度在 6.8 MPa～7.15 MPa 之间，较为稳定。

4. 推断岩石中可能有结晶水合物，当热老化温度大于 100℃时，发生分解反应。

5. 观察 120℃热老化 480 h 后 SEM 照片（图 3-8），岩石内部结构几乎没有变化。但局部出现小孔，可能是结晶水合物或少数熔点低的物质受热分解。因为岩石主要成分为无机物，热老化对其影响很小。

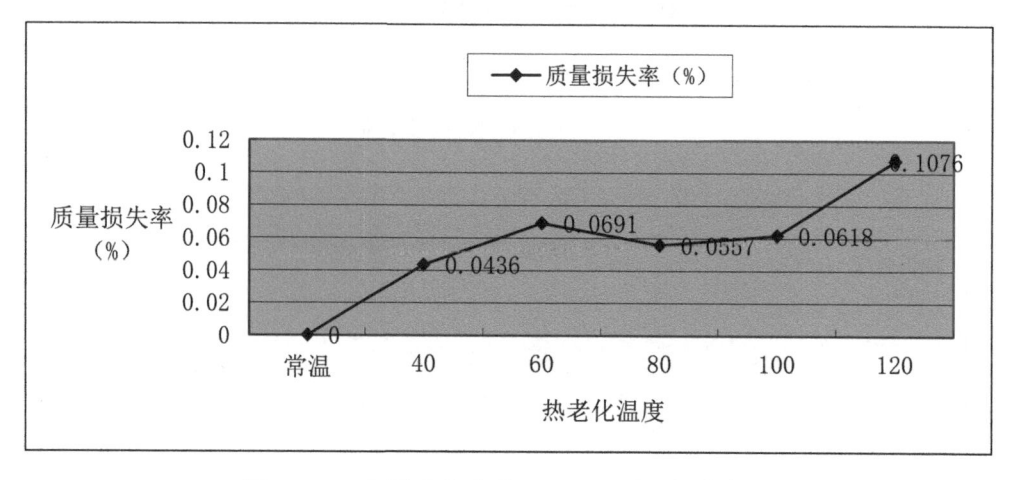

图 3-12　各温度热老化 480h 后质量损失率

6. 因平时室外温度多不超过 40℃，太阳直射地表岩石温度也不会超过 80℃，所以，热老化对于岩石老化速度，影响很小。

第四节 耐光老化试验

本实验目的是评价岩石耐紫外光老化的能力，及紫外光对石材老化的影响。所用光老化箱是自制高压汞灯老化箱。自然光的波长范围为 300 nm～700 nm，对材料造成损害的主要是 300 nm～400 nm 之间的紫外光，因此通常的光老化均选用 365nm 的波长进行光强化老化试验。根据样品室的大小及实验要求，选用波长为 365 nm、375 W 的高压汞灯对材料进行耐老化性能检测，用裁好的实验样块，分别在紫外光下照射 72 h、120 h、24 h、480 h、720 h 后，分别测量质量损失、回弹强度、抗压强度、抗折强度，结果见表 3-8。

表 3-8 光老化试验数据

组号	老化时间（h）	回弹强度（MPa）	抗压强度（MPa）	抗折强度（MPa）	质量损失率（%）
新石材		31	152.43	9.04	
1	72	28.11	144.40	7.01	0.0676
2	120	26.22	121.52	6.34	0.0846
3	240	24.78	120.25	6.48	0.0614
4	480	23.33	106.50	7.30	0.0593
5	720	21.22	97.44	6.99	0.0251

从表 3-8 中，可以看出新石材经过不同温度热老化后，回弹强度由 31 MPa，最低下降到 21.22 MPa。抗压强度由 152.43 MPa，最低下降到 97.44 MPa。抗折强度由 9.04 MPa，最低下降到 6.34 MPa。质量损失率达 0.0846%。

图3-13 光老化720h后SEM照片

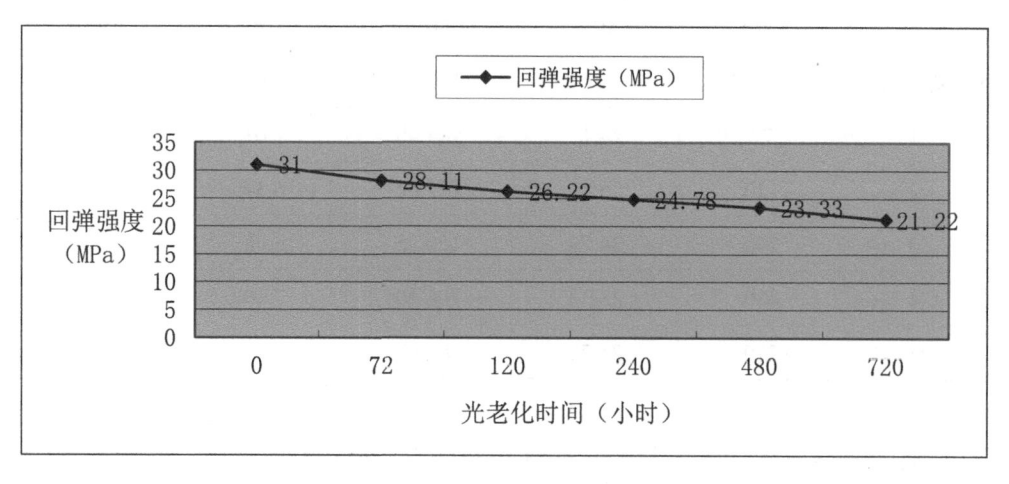

图3-14 不同光老化时间回弹强度

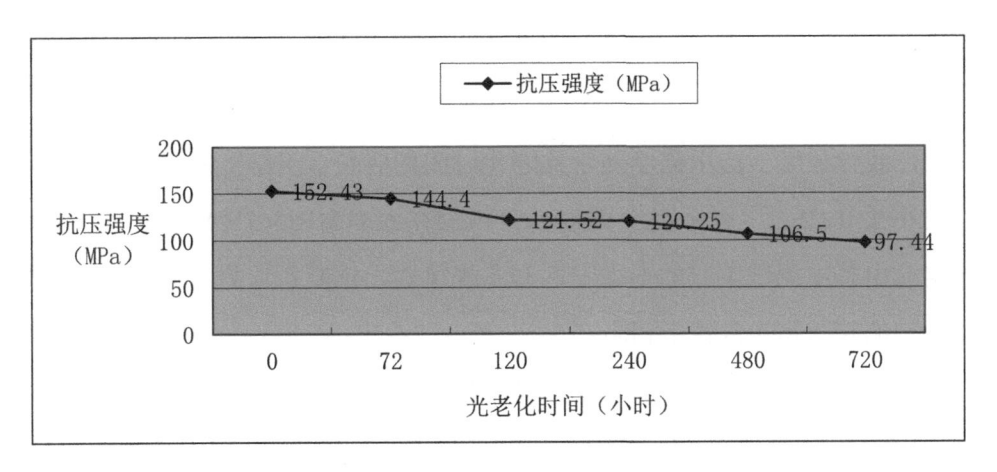

图 3-15 不同光老化时间抗压强度

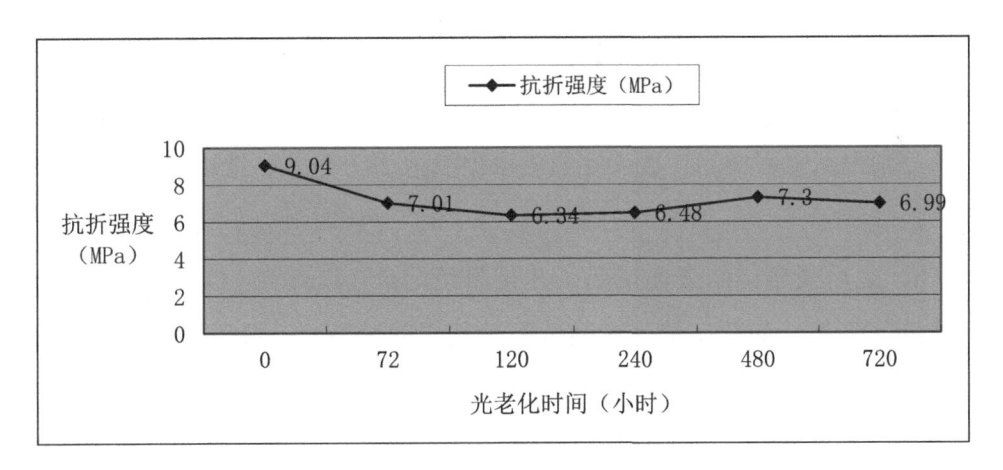

图 3-16 不同光老化时间抗折强度

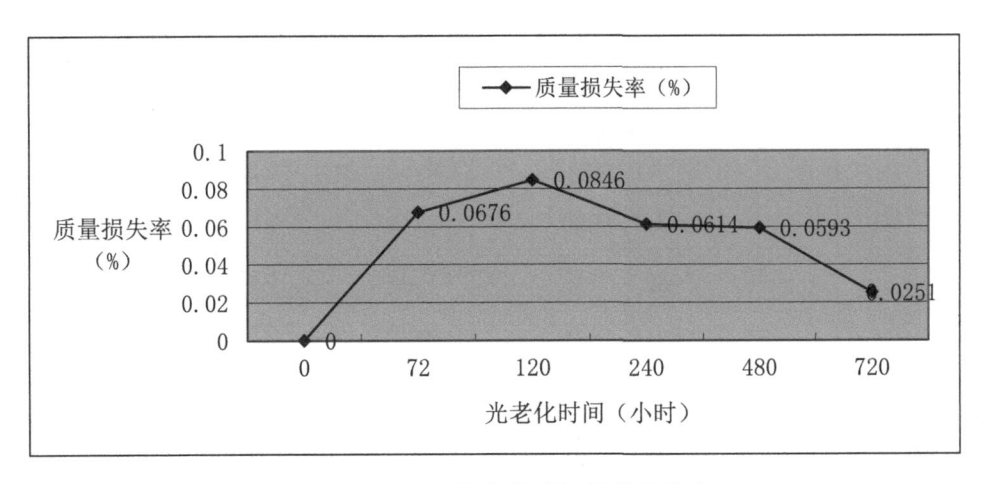

图 3-17 不同光老化时间质量损失率

小结

1. 回弹强度、抗压强度随紫外老化时间的时长，下降。质量损失率较稳定均小于 0.1%。老化后抗折强度一直徘徊在 6.34 MPa~7.3 MPa 之间，较为稳定。由各项测试参数的不稳定性和不规律性，推断每块岩石中所含受紫外光影响的胶结物含量各不相同。

2. 观察光老化 720 h 后 SEM 照片（图 3-13），岩石内部结构几乎没有变化，因为岩石主要成分为无机物，紫外光老化对其影响很小。

第五节　耐冻融试验

分别把新岩石样品，放入室温下水中浸泡 24 h 饱水，滤纸吸干表面水分后，放置样品于零下 20℃的冰箱中冰冻 8 h，之后取出放于室温水中浸泡解冻 1 h，之后观察样品表面情况，并且照相记录，以此为一个周期，此后继续冰冻、融解，如此反复。冻融试验是长周期试验，一般要做几十个周期，根据北京地区冬季的天气情况，决定进行 50 周期（分 5 个批次做，分别为10 周期、20 周期、30 周期、40 周期、50 周期）。冻融后分别测量质量损失、回弹强度、抗压强度、抗折强度，结果见表 3-9。

表 3-9　耐冻融试验数据

组号	老化周期	回弹强度（MPa）	抗压强度（MPa）	抗折强度（MPa）	质量损失率（%）
新石材	0	31.00	152.43	9.04	
1	10	30.11	127.21	6.89	0.0209
2	20	30.34	126.70	7.54	0.0382
3	30	29.06	105.70	7.37	0.0198
4	40	28.00	81.60	6.32	0.0220
5	50	25.50	79.80	5.79	0.0424

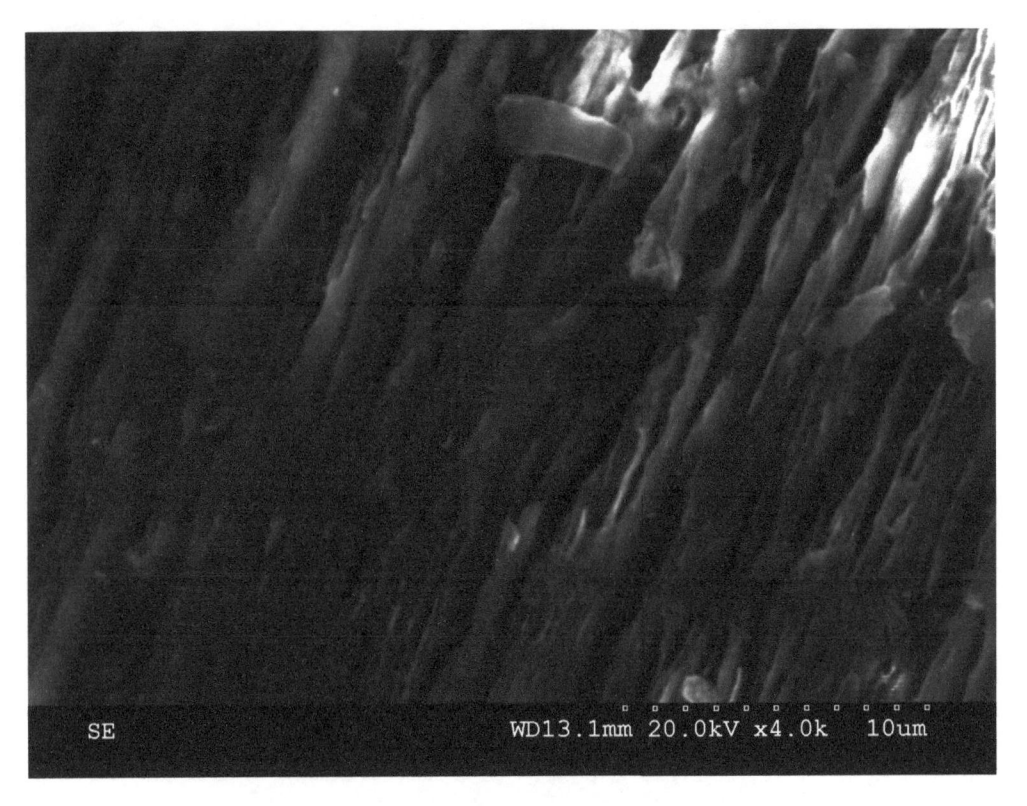

图 3-18　冻融老化 50 周期后 SEM 照片

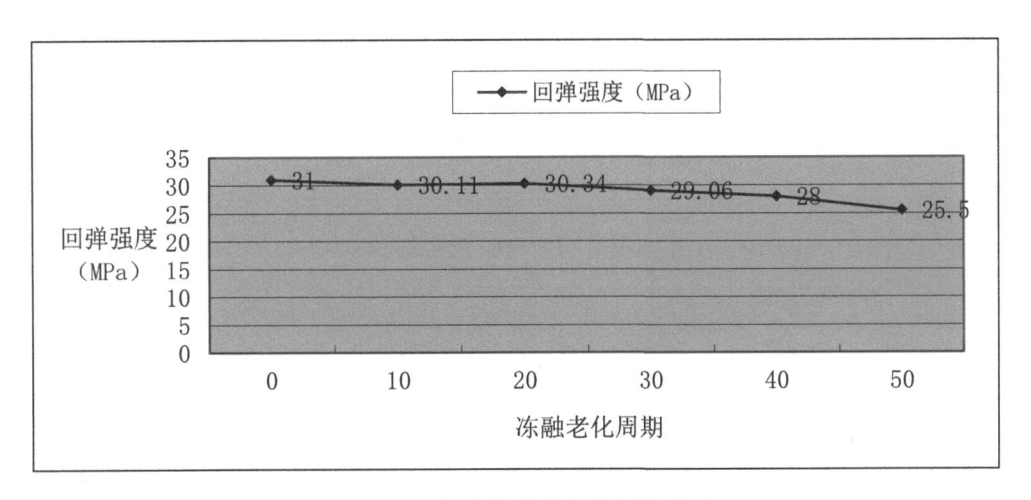

图 3-19　各冻融老化周期回弹强度

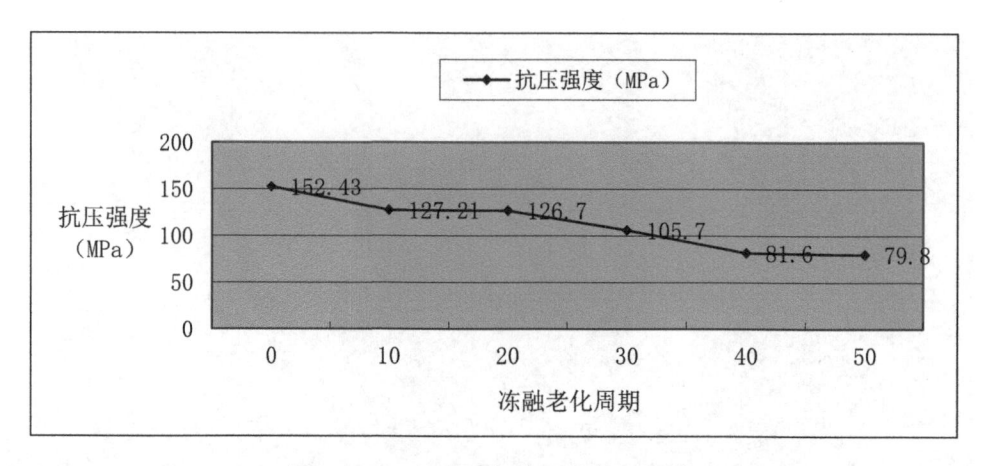

图 3-20　各冻融老化周期抗压强度

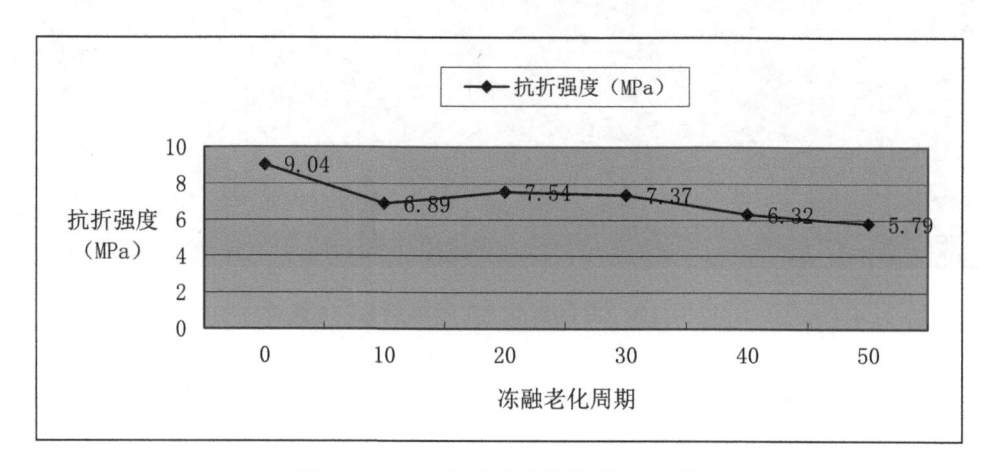

图 3-21　各冻融老化周期抗折强度

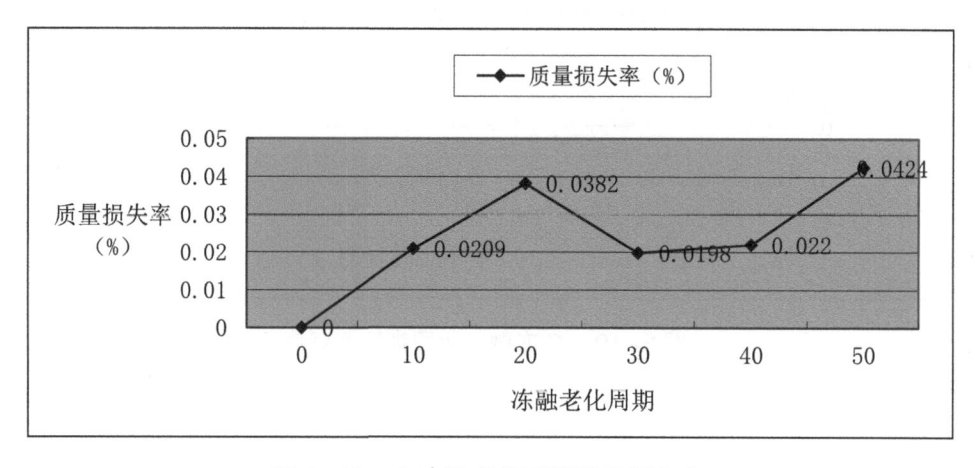

图 3-22　各冻融老化周期质量损失率

从表3-9中，可以看出新石材经过不同的冻融老化周期后，回弹强度由31 MPa，最低下降到25.5 MPa。抗压强度由152.43 MPa，最低下降到79.8 MPa。抗折强度由9.04 MPa，最低下降到5.79 MPa。质量损失率达0.0424%。

小结

1. 回弹强度、抗压强度、抗折强度随着冻融周期的增加，下降幅度均超过其他类型的老化。质量损失率均小于0.05%，是5种老化中损失率平均值最小的。

2. 观察冻融老化50周期后SEM照片（图3-18），发现原先结构致密的岩石，在经过50周期冻融后，全部变成了片状结构，且层间距被逐步撑大，形成裂隙。

3. 因为北京地处北方，每年最低温度低于冰点的天数都大于50天，所以延庆古崖居的冻融，冰劈危害是最大的。

第六节　耐盐试验

新岩石样品放入5%硫酸钠溶液中浸泡1天后取出，在100℃左右老化箱内干燥8h，以此为一个试验循环周期，如此反复，观察试样变化。30个循环（分5个批次做，分别为5周期、10周期、15周期、20周期、30周期，老化后分别测量质量损失、回弹强度、抗压强度、抗折强度，结果见表3-10。

表 3-10 盐老化试验数据

组号	老化周期	回弹强度（MPa）	抗压强度（MPa）	抗折强度（MPa）	质量损失率（%）
新石材		31.00	152.43	9.04	
1	5	28.11	121.90	7.11	0.0263
2	10	23.78	114.00	7.21	0.0378
3	15	23.00	112.87	6.76	0.0169
4	20	21.56	117.33	7.01	0.0956
5	30	21.00	94.20	6.60	0.0787

图 3-23 盐老化 30 周期后 SEM 照片

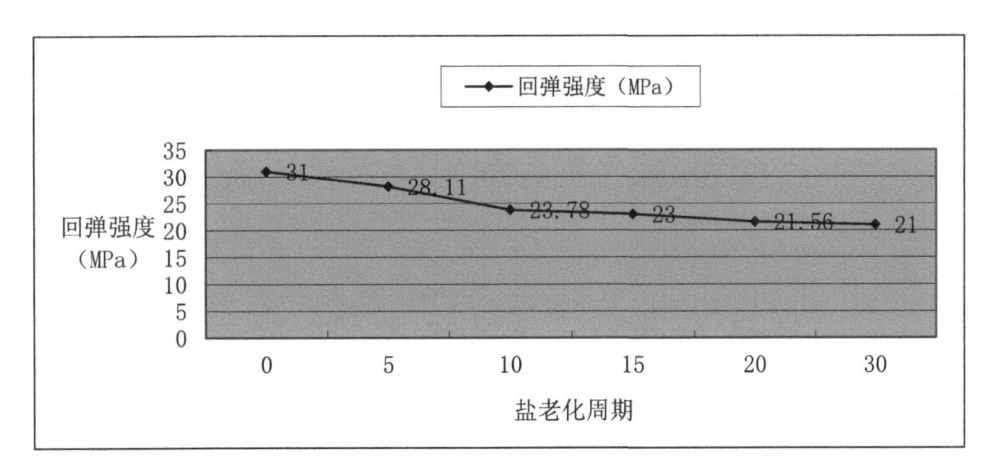

图 3-24　各盐老化周期回弹强度

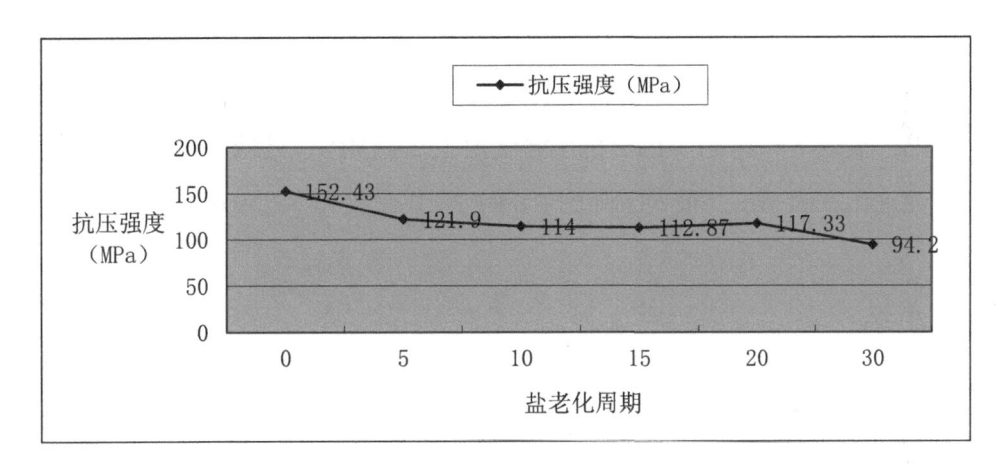

图 3-25　各盐老化周期抗压强度

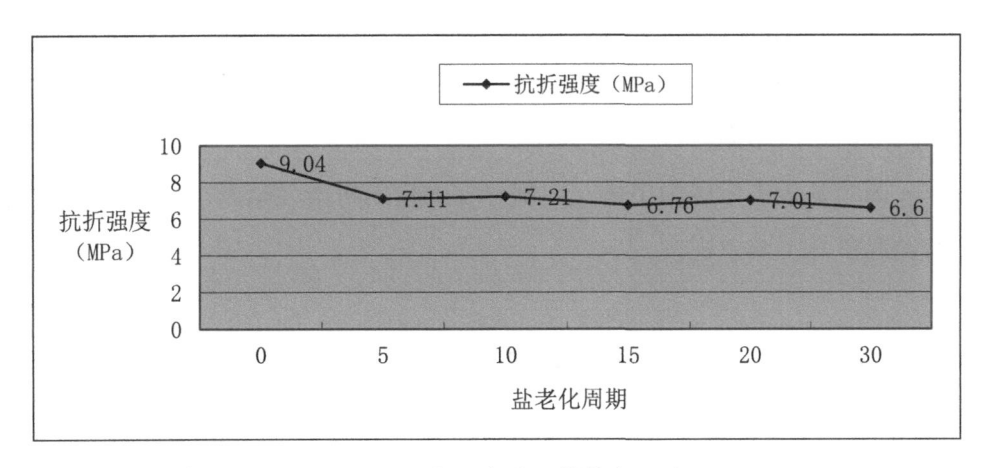

图 3-26　各盐老化周期抗折强度

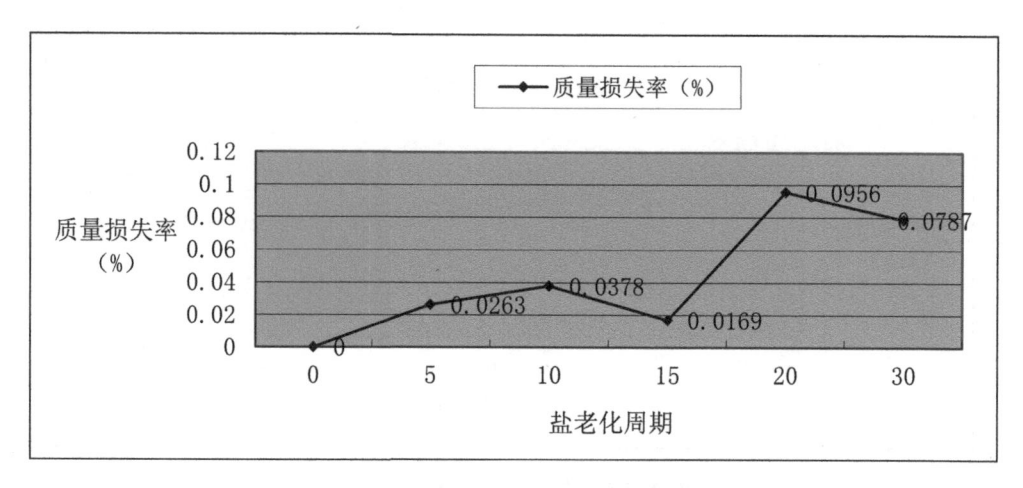

图 3-27　各盐老化周期质量损失率

从表 3-10 中，可以看出未风化石材经过不同盐老化周期后，回弹强度由 31 MPa，最低下降到 21 MPa。抗压强度由 152.43 MPa，最低下降到 94.2 MPa。抗折强度由 9.04 MPa，最低下降到 6.6 MPa。质量损失率达 0.0956%。

小结

1. 回弹强度、抗压强度随盐老化周期的增加，而逐渐下降。质量损失率较稳定，均小于 0.1%。

2. 老化后的抗折强度一直徘徊在 6.60 MPa~7.21 MPa 之间，较为稳定。

3. 观察盐老化 30 周期后 SEM 照片（图 3-23），发现岩石内部出现多处细小的可溶性盐结晶。

4. 因为延庆古崖居为山体，内部存在大量的可溶性盐及水分，所以可溶性盐结晶破坏不容忽视。

第七节　模拟试验数据对比

为了更好地比较不同老化条件下，对岩石物理性能影响的大小，将不同

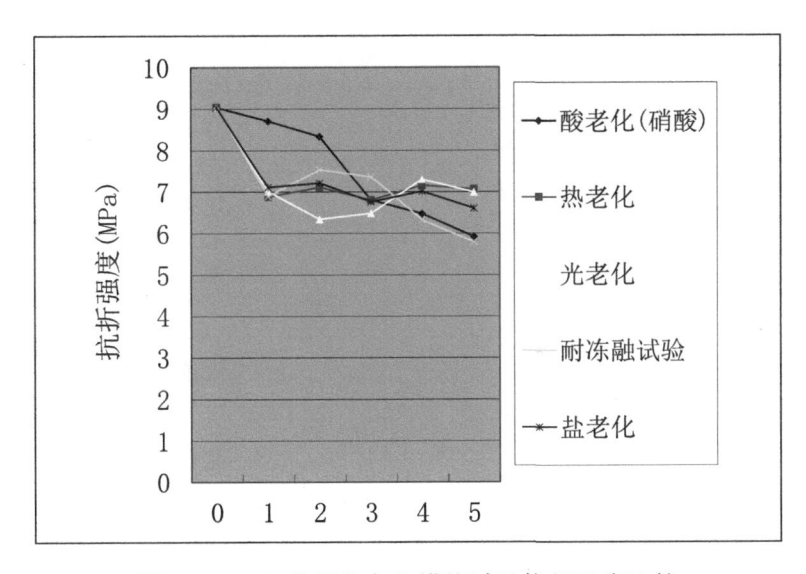

图 3-28　五种风化条件模拟试验抗折强度比较

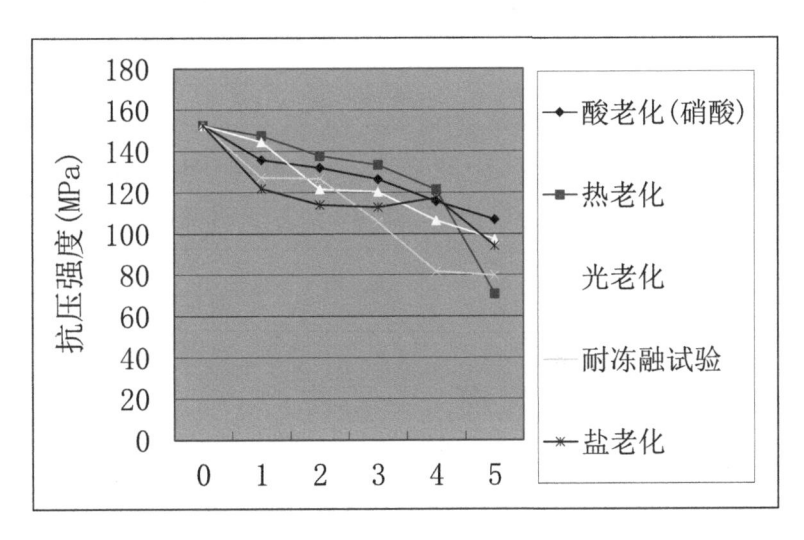

图 3-29　五种风化条件模拟试验抗压强度比较

老化条件下的同一物理性能变化曲线放到同一幅图中，进行比较。

由图3-28可见五种风化条件下的抗折强度，除酸老化是随着酸浓度及浸泡时间的增大而减小。其余四种风化条件，均是在试验前期，就一下从9.04MPa，下降到7MPa左右，之后周期的热老化、盐老化、光老化抗折强度一直徘徊在7MPa左右，趋于稳定。而冻融老化在50周期时，就下降到

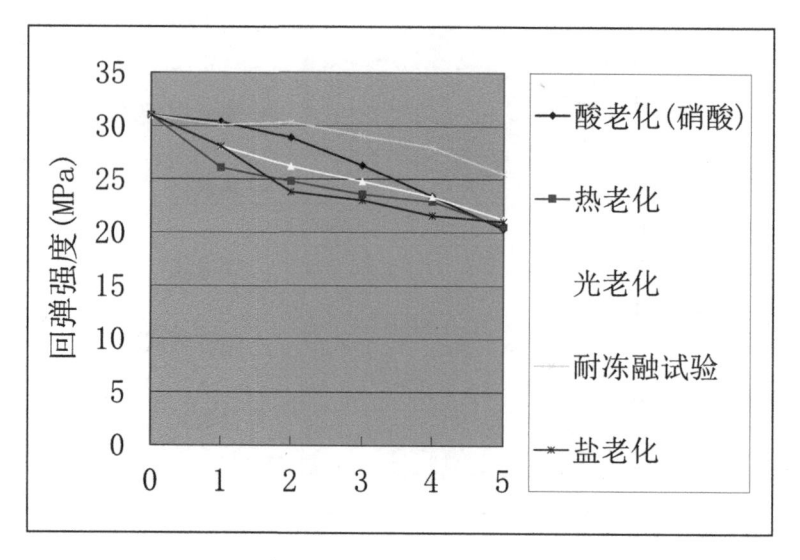

图 3-30　五种风化条件模拟试验回弹强度比较图

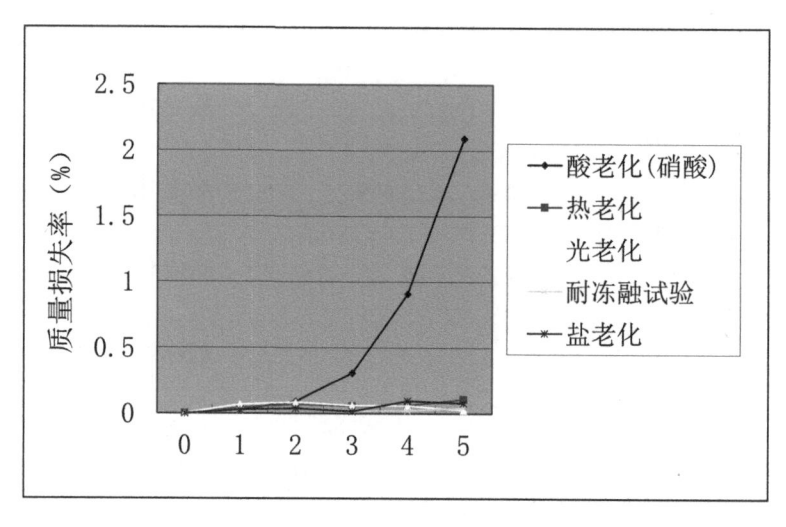

图 3-31　五种风化条件模拟试验质量损失率比较图

了 5.79 MPa，通过变化趋势线，可以推断随着冻融老化周期的增加，抗折强度，还会进一步下降。虽然酸老化时抗折强度也下降到了 5.92 MPa，但所使用酸浓度远大于实际酸雨中酸浓度。因 5 种风化条件中，冻融老化最贴近自然天气，且下降幅度最大，所以冻融老化是对抗折强度影响最大的因素。

由图 3-29 可见五种风化条件下的抗压强度，热老化和冻融老化下降幅度比较大，从 152.43 MPa，最低下降到 70 多 MPa。

由图 3-30 可见五种风化条件下的回弹强度，冻融老化下降幅度较小，从 31 MPa，最低下降到 25 MPa 左右，而其他 4 种风化条件均下降到 20 MPa 左右。

由图 3-31 可见五种风化条件下的质量损失率，除酸老化外其他老化下降幅度都较小，均在 0.1% 以下，且变化不规律，而酸老化在低浓度时质量损失率也小于 0.1%。由此可推断在自然条件下 5 种风化对质量损失率的影响差不多。

综上所述，5 种风化条件中冻融老化是导致风化的最大因素。

第四章　加固材料的筛选及应用研究

第一节　加固材料的初选

理想的保护材料，首先应具有"可逆性"。即保护材料应用后，经一段时间后，需要再处理时能够方便处理，为将来更先进的保护技术和更好的材料留下足够的空间。

另外，还需有下列性质：

1. 与被保护的石质文物具有物理、化学的兼容性和相似性。

2. 具有良好的化学特性，不与文物材质发生任何反应，造成文物材质化学性质的变化，也不应溶解文物材质，造成文物材质的转移。

3. 对文物本身及环境、人身安全无副作用。

4. 必须易渗透进石头的深层，而不是富集在表面形成硬壳。

5. 不能影响石头原来的颜色。

6. 能阻止外部的潮湿气体的渗透，又不会妨碍内部气体的挥发。

7. 良好的耐候性。

8. 在保护方面，兼具有效性和持久性。

9. 经济。

初步分析了市场上常见的加固材料，发现无论是有机材料、无机材料，还是有机—无机复合材料，均有各自的优缺点，各自的适应条件也有所不同。环氧树脂、聚氨酯树脂类材料，加固强度过高，不适宜用在古崖居这种风化非常严重且强度很低的岩石表面。容易使岩石表面的强度梯度差过大,造成"两层皮"的破坏。因此,本研究从丙烯酸树脂、有机硅树脂、有机硅改性丙烯酸酯树脂三大类材料中,筛选了4种材料(见表4-1),进行全面的对比。

表4-1 加固剂种类

编号	产品名称	生产厂商	有效成分
1号	BYG1001	广州市白云化工实业有限公司	正硅酸乙酯
2号	BYB1002	广州市白云化工实业有限公司	有机硅
3号	SAR-18	北京圣达光化工研究所	有机硅改性丙烯酸酯
4号	W1-04	美国白山涂料	丙稀酸(乳液)

经过对比,筛选出的加固材料,很有可能被应用到古崖居危岩体保护工程中。从加固材料的质量稳定性、产能以及文物保护工程材料使用要求等方面考虑,全部采用了市场上可以直接买到的加固材料(成熟产品)。

第二节 岩石加固材料性能测试及结果

根据石质文物保护的特殊要求,试验对力学性能,耐水性、抗紫外老化性、耐冻融性以及外观色差等指标进行研究,又对施用过加固材料后的岩石进行物理性能测定、SEM分析等,为加固机理解释提供依据。

一、加固剂粘度(流动性)

室温:22℃水的密度 $\rho =0.9978\,g/cm^3$,水的粘度 $\eta =0.9579\,mPa\cdot s$。采用毛细管法测定,根据公式,结果见表4-2。

$$\frac{n_1}{n_2} = \rho_1 t_1 / \rho_2 t_2$$

式中：为液体的密度（g/cm³），为液体的粘度（MPa·s），t为液体流经毛细管的时间（s）。

表 4-2　加固剂粘度

加固剂	时间 /s	粘度 /mPa·s
丙烯酸（乳液 W1-04）	97.17	1.16
有机硅 BYB1002	113.79	1.067
硅酸乙酯 BYG1001	129.17	1.396
硅丙 SAR-18	467.55	4.88
纯水	82.78	0.9579

加固剂粘度是表征加固剂流动性的重要参数，从表 4-2 中，可见硅丙粘度最大，达到了纯水粘度的 5 倍，流动性较差。丙烯酸、有机硅、硅酸乙酯粘度与纯水相近，其中有机硅的粘度最小。

二、涂膜硬度

将 4 种加固剂分别涂覆在玻璃板上，在干燥炉内进行干燥。完全干燥后，采用 QBY 型漆膜摆式硬度计进行涂膜性能测定；利用以下公式：

$X=t/t_1$ 其中 t 为在漆膜上摆杠 5^0-2^0 的摆动时间 t_1 为 440 秒。

表 4-3　加固剂硬度

加固剂	时间 /s 平均值	硬度
硅酸乙酯 BYG1001	210.595	0.4786
有机硅 BYB1002	212.805	0.4836
丙烯酸 W1-04	239.565	0.5445
硅丙 SAR-18	210.125	0.4776
硅酸乙酯 1001+ 有机硅 1002	200.505	0.4557

4种加固剂采用5种加固方法，固化后，硬度相近，其中丙烯酸的硬度稍大。

三、附着力

将4种加固剂分别涂覆在马口铁板上，在干燥炉内进行干燥。完全干燥后，采用画圈法进行涂膜性能测定。

表4-4　加固剂附着力

加固剂	等级
有机硅 BYB1002	7
硅酸乙酯 BYG1001	6
丙烯酸 W1-04	7
硅丙 SAR-18	6
硅酸乙酯 1001+ 有机硅 1002	6

4种加固剂采用5种加固方法，固化后，附着力相近，有机硅及丙烯酸略好于其他。

四、冲击强度

将4种加固剂分别涂覆在 50 mm×120 mm×0.3 mm 的马口铁板上，待漆膜实干后，将涂漆样板漆膜朝上平放铁砧上，样板受冲击部分距边缘不少15 mm，每个冲击点的边缘相距不得少于15 mm。重锤借控制装置维持在产品标准规定的高度，按压控制重锤即自由落于冲头上。提起重锤，取出样板，用4倍放大镜观察，判断漆膜有无裂纹、皱纹及剥落等现象。

采用冲击试验器测定冲击强度，测得各种涂膜硬度达到 50 Kg/cm^2。

五、耐热老化性

（一）耐热老化性检测方法

为了测试 4 种加固材料的耐热性能，本试验用 DC-P3 型全自动测色差计测量色差，定量和准确地比较颜色变深的程度。首先测空白样（白色瓷片）的色差，再测瓷片表面加固剂处理成膜后的光吸收值，以及经过在 100℃热老化箱中老化两个月（60 天）后的色差值。

黄色指数 YI 按下式计算：（GB2409-80）$YI = \dfrac{100(1.28X - 1.06Z)}{Y}$；式中 X、Y、Z 为测得试样的三色刺激值。

（二）试验结果和分析

表 4-5 是色差变化测试结果。

表 4-6 是 4 种加固材料热老化实验结果中黄色指数平均变化数据，从中可以看出有机硅加固材料的变化最大，其次是丙烯酸加固材料，正硅酸乙酯和有机硅改性丙烯酸酯的变化很小，有机硅改性丙烯酸酯几乎没有变化。

图 4-1 是有机硅加固材料涂装后的照片，图 4-2 中左上是丙烯酸（乳液），右上是正硅酸乙酯，下为有机硅改性丙烯酸酯材料经两个月 100℃恒温老化后的变化照片。从图中可以看到丙烯酸（乳液）明显变黄褐色，正硅酸乙酯有很淡的黄色，有机硅改性丙烯酸酯观察不到明显变色。

表 4-5　古崖居加固材料热老化后色差测定结果

热老化		X	Y	Z	YI
空白瓷片平均		57.50	60.92	62.10	12.76
丙烯酸（乳液）	固化后	59.49	62.17	63.73	13.82
	60 天后	51.82	52.16	28.56	69.13
正硅酸乙酯	固化后	59.49	62.46	64.29	12.81
	60 天后	59.17	60.45	59.21	21.46

续表

热老化		X	Y	Z	YI
有机硅改性丙烯酸酯（乳液）	固化后	57.18	60.40	61.92	12.51
	60天后	58.25	60.26	60.70	16.96
有机硅	固化后	56.34	59.83	61.16	12.18
	60天后	40.76	37.75	11.49	105.94

注：1. X，Y，Z 是测量光谱三刺激值，YI 黄色指数。
2. 空白瓷片数据为所有被测空白瓷片的平均值；为减少涂层厚度不均造成的影响，均为三点测试后的平均值。

表 4-6　热老化后 YI 黄色指数变化对比

	有机硅	丙稀酸（乳液）	正硅酸乙酯	有机硅改性丙烯酸酯（乳液）
固化后 YI	12.18	13.82	12.81	12.51
热老化后 YI	105.94	69.13	21.46	16.96
YI 变化	93.76	55.31	8.65	4.45

从实验结果可以得出，4 种材料中，有机硅改性丙烯酸酯的耐热老性能最好，正硅酸乙酯其次，丙稀酸（乳液）和有机硅材料受热后颜色变化最明显。

图 4-1　有机硅加固材料热老化后

图 4-2　三种加固材料热老化后

六、耐光老化性

（一）耐光老化性检测方法

同检测热老化方法类似，首先测空白样（白色瓷片）的色差，再将 4 种加固材料涂布在瓷片上，待加固材料固化并在瓷片表面成膜后测试其光吸收值，再放在光老化箱中，强化光照一个月（30 天）后用色差仪检测老化后的色差值。

所用光老化箱同前文光老化试验。

（二）试验结果和分析

测得结果在表 4-7 中列出。

图 4-3 是有机硅加固材料涂装后的照片，图 4-4 中左上是丙稀酸（乳液），右上是正硅酸乙酯，下为有机硅改性丙烯酸酯 4 种材料经过 30 天光老

化后的照片，从中可以观察到有机硅改性丙烯酸酯的经过光老化变褐色，丙稀酸（乳液）变为淡黄色，正硅酸乙酯微黄，有机硅基本上无变化。

表4-8是经30天紫外光老化后，4种加固材料的黄色指数平均变化数据。可见丙稀酸（乳液）和有机硅改性丙烯酸酯，黄色指数变化很大，有机硅改性丙烯酸酯的变化大于丙稀酸（乳液），正硅酸乙酯和有机硅的黄色指数变化很小。

表 4-7 古崖居加固材料光老化后色差测定结果

光老化		X	Y	Z	YI
空白磁片平均		57.50	60.92	62.10	12.76
丙稀酸（乳液）	固化后	59.23	62.30	64.44	12.05
	30天后	27.39	24.77	5.42	118.35
正硅酸乙酯	固化后	59.90	62.92	65.54	11.44
	30天后	58.41	59.92	59.89	18.83
有机硅改性丙烯酸酯	固化后	58.46	61.58	63.74	11.80
	30天后	55.28	56.64	38.05	53.72
有机硅	固化后	56.43	59.76	60.83	12.97
	30天后	55.57	58.32	58.32	15.96

表 4-8 光老化后 YI 变化对比

	有机硅	丙稀酸（乳液）	正硅酸乙酯	有机硅改性丙烯酸酯
固化后 YI	12.97	12.05	11.44	11.80
热老化后 YI	15.96	118.35	18.83	53.72
YI 变化	2.99	106.3	7.39	41.92

从实验结果可以得出，正硅酸乙酯和有机硅耐光老化性能接近，是4种加固材料中最好的，有机硅改性丙烯酸酯其次，丙烯酸乳液的耐光老化能力

最低，变色最明显。在本次测试中，硅树脂类的加固材料耐光老化明显优于丙烯酸乳液类加固材料。

图 4-3　有机硅加固材料光老化后

图 4-4　另三种加固材料光老化后

七、耐酸性研究

(一) 耐酸试验方法

本实验目的是比较4种材料耐酸腐蚀的能力，实际酸雨含少量硫酸、硝酸和盐酸，为排除微溶盐影响和简化试验步骤，本次试验使用pH为1的稀释后的盐酸。

使用涂布4种加固材料的瓷片各5片，分别在同浓度盐酸中浸泡100分钟，并用水冲洗3次，再水浸泡1 h去尽残酸，烘干后，观察表面有无起泡、开裂、剥落、变色情况。

(二) 试验结果和分析

检测结果见表4-9。可以看出两种加固材料都没有出现起泡、开裂、变色的现象，只是所有的样品在干燥后或多或少都出现了从瓷片釉面剥落的现象。

表 4-9 加固材料的耐酸性能

样品	变色	起泡	开裂	凉干剥落
硅酸乙酯	无	无	无	脱落
有机硅	无	无	无	略有剥落
硅丙	无	无	无	略有剥落
丙稀酸	无	无	无	有剥落

因此，4种加固材料保护后的样品耐酸能力还是比较好的。

八、透气性研究

(一) 透气性试验的方法

此试验的目的是观察所用保护材料对石材透气性的影响。将石材加工成

4.5 cm×4 cm×1 cm 的片状，在较稳定的室温和湿度下进行试验，将涂有 4 种加固材料的石材片，分别放在盛有饱和 NaHCO$_3$ 溶液的玻璃杯上，用硅橡胶密封固化 2 天后，开始称重，每周测定一次，观察比较水分蒸发流失的情况，比较经过渗透加固后的石材透气能力。

（二）试验结果和分析

密封水通过处理过的样品时的失水结果见表 4-10 和图 4-5，结果表明硅酸乙酯处理的石材样品更容易使水蒸气透过，从而有更好的透气性。

表 4-10 密封水通过经处理的样品时候的失水情况结果

重量损失	硅酸乙酯（g）	有机硅（g）	硅丙（g）	丙稀酸（g）	备注
1 周	0.232	0.198	0.165	0.132	室温下测定值，重量单位：克
2 周	0.443	0.389	0.317	0.261	
3 周	0.684	0.578	0.469	0.401	
4 周	0.891	0.765	0.639	0.529	
5 周	1.092	0.958	0.798	0.668	
6 周	1.345	1.143	0.959	0.802	

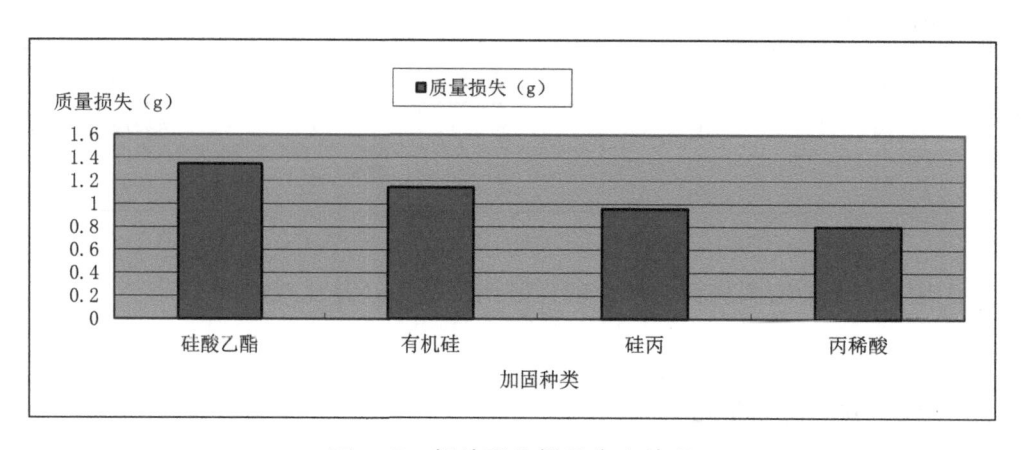

图 4-5 经处理的样品失水情况

4 种加固材料，透气性能顺序：硅酸乙酯 > 有机硅 > 硅丙 > 丙稀酸。

九、加固材料的耐水性能研究

（一）耐水性试验方法

此试验的目的是观察两种材料的耐水性能。检测方法参照国家标准《色漆和清漆·耐水性的测定·浸水法》GB5209-85进行。用40℃的热水，将涂有4种加固材料的瓷片浸入其中12天，每三天取出试样，用滤纸吸干表面的水分观察涂层的情况，检查是否出现附着力降低、变脆、变色、失光现象。

（二）试验结果和讨论

经过12天的检测显示，4种加固材料均没有出现附着力降低、变脆、变色、失光的现象。这4种产品是用于防水的材料，耐水性好是意料中的事情。

十、加固材料增重研究

（一）加固材料增重试验方法

文物保护中，用量较小而能达到一定使用要求的产品，是较为合理的产品，用重量增加的百分比来表征。在检测过程中，根据通常石质文物保护中加固材料的使用情况，以表面涂刷3遍，并固化后具有一定的强度，而以表面不积累为标准。

（二）试验结果和分析

表4-11 重量增加的百分比

样品	重量增加的百分比
硅酸乙酯	0.32%
有机硅	0.28%
硅丙	0.39%
丙稀酸	0.61%

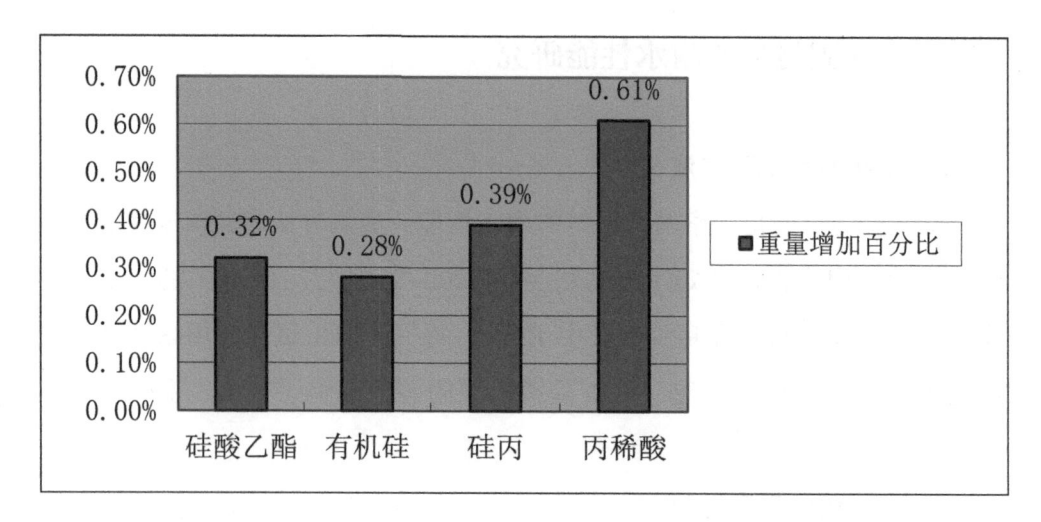

图 4-6　使用加固剂后石材的质量增加

4种加固材料，重量增加的百分比顺序：丙稀酸＞硅丙＞硅酸乙酯＞有机硅。

十一、加固材料对外观色泽的影响

（一）外观色泽检测方法

由于古崖居的岩石为花岗岩，各个很小的区域中颜色差别很大，所以如果直接从岩石样品表面测量色差来判断加固材料对岩石颜色的影响很困难。所以在检测中采用DC-P3型全自动测色差计测量色差，定量和准确地比较颜色变深的程度。首先测空白样（白色瓷片）的色差，再测量加固剂处理并在瓷片表面成膜后的色差值。

（二）试验结果和讨论

表4-12是色差变化测试结果。

表4-13是4种加固材料固化后实验结果中三刺激值平均变化数据。

表 4-12 古崖居加固材料固化后色差测定结果

热老化		X	Y	Z	YI
空白瓷片平均		57.50	60.92	62.10	12.76
丙稀酸（乳液）	固化后	59.49	62.17	63.73	13.82
正硅酸乙酯	固化后	59.49	62.46	64.29	12.81
有机硅改性丙烯酸酯	固化后	57.18	60.40	61.92	12.51
有机硅	固化后	56.34	59.83	61.16	12.18

表 4-13 固化后 YI 变化对比

	有机硅	丙稀酸（乳液）	正硅酸乙酯	有机硅改性丙烯酸酯
空白瓷片 YI			12.76	
固化后 YI	12.18	13.82	12.81	12.51
YI 变化	0.58	1.06	0.05	0.25

4 种材料对岩石表面色泽的影响并不大，用肉眼几乎看不出颜色变化。

第三节　古崖居风化岩石加固效果研究

一、加固材料对古崖居岩石样品抗压强度的影响

（一）试验目的、方法及仪器

试验目的是检测 4 种不同加固材料渗透加固古崖居石材样品后，对石材样品抗压强度的影响，同时比较 4 种不同的加固渗透材料加固性能的好坏。

实验中，将古崖居的石材样品，切割成 5 cm×5 cm×5 cm 的试样，按照通常的方法涂刷 3 遍加固后，测试其抗压强度。

（二）试验结果及讨论

通过实验结果可以看出（见表 4-14），无论是用哪种加固材料，都提高

了古崖居岩石的抗压强度。

表 4-14 加固材料对古崖居岩石样品抗压强度的影响

	平均抗压强度（MPa）	数据测定量
未加固样品	1.76	5
硅酸乙酯	21.36	10
有机硅	19.93	10
硅丙	17	10
丙稀酸	13.07	10

4 种材料都能使老化岩石的强度提高很多倍，单从数值上看，硅类石材加固材料对提高古崖居石材的抗压强度帮助更大。

二、加固材料对古崖居岩石样品弯曲强度的影响

（一）试验目的、方法及仪器

试验目的是检测 4 种不同的加固材料渗透加固古崖居石材样品后，对石材样品抗弯曲（抗折）强度的影响，同时比较 4 种不同的加固渗透材料加固性能的好坏。

实验中，将古崖居的石材样品，切割成 5 cm×10 cm×1 cm 的试样，按照通常的方法涂刷 3 遍加固以后，测试其抗弯曲强度。

（二）试验结果及讨论

1 号样品为用有机硅处理石样，2 号为用有机硅改性丙烯酸酯处理石样，3 号为用丙稀酸（乳液）处理石样，4 号为用硅酸乙酯处理石样。表 4-15 是对 4 种加固后石样进行抗折测试结果。

第四章 加固材料的筛选及应用研究

表 4-15 四种加固材料三点弯曲强度试验结果

样品	抗折平均值单位（MPa）	数据测定量
未加固石样	0.08	10
1	2.54	10
2	5.22	10
3	2.16	4.28
4	10	10

需要说明的是，本次力学测试的对象是非均质的风化程度很深的花岗岩石样，虽然经过加固，但是已风化的缝隙仍然存在。

三点抗折实验的原理如图 4-8，在试验中，同一样品的断裂处有类似均质材料的中间断裂，但所有的断裂面都呈不规则锯齿状，如图 4-9 左；而且部分石样从原有裂缝处而非中间受力处断裂，如图 4-9 右。虽然有的石样从同一块石头上切割得到，裂缝多的石样的力学性能低于平均，所以测得的数据也可能相差很大，比如 2 号样品经检测多数强度数据在 6 MPa～9 MPa，但也出现两个数据只有 1 MPa 左右。

从表 4-15、图 4-7 中可以得出，2 号即有机硅改性丙烯酸酯加固后的石样平均抗折性能最好，有的石样抗折能力接近于建筑用花岗岩的抗折能力

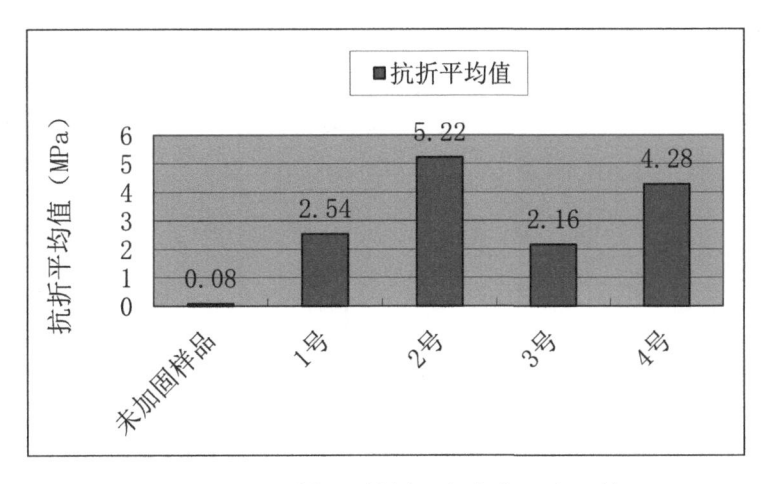

图 4-7 四种加固材料三点弯曲强度比较

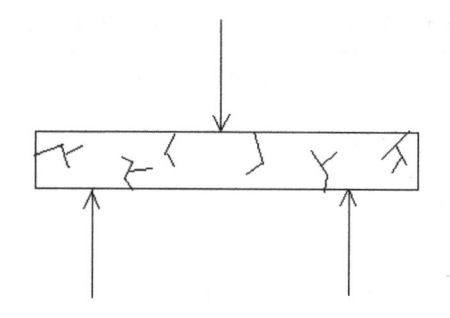

图 4-8　三点弯曲强度测试示意图

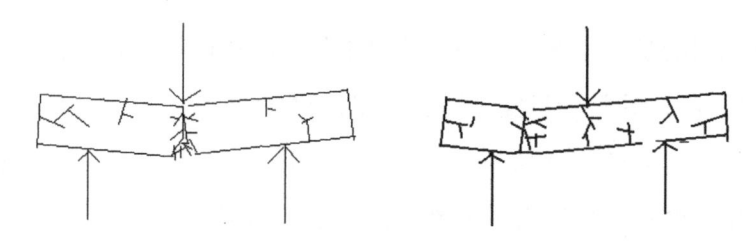

图 4-9　三点弯曲强度试验试样断裂部位示意图

（花岗岩的抗折数据大部分是 6 MPa ~ 25 MPa[39]）。

在切割空白样品中，很少能得到完整的空白石样。切割过程中，切片往往会碎裂成多块，如图 4-10。

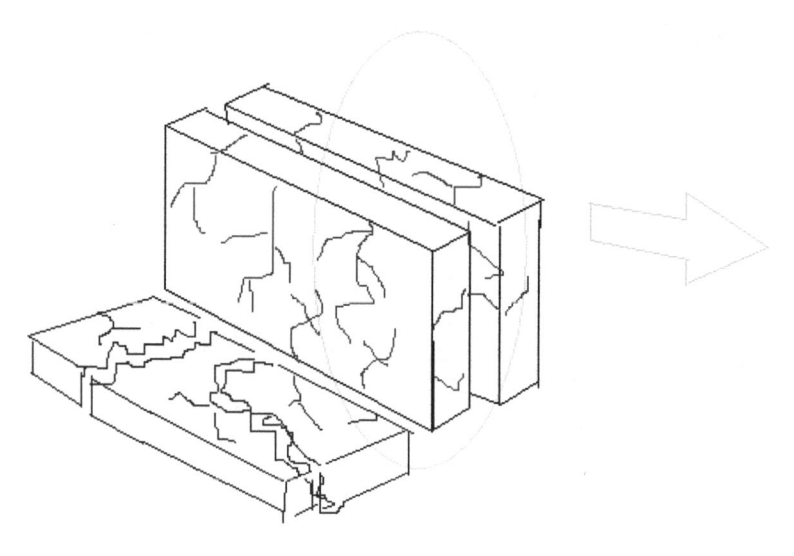

图 4-10　试块切割断裂、破碎示意图

从实验结果看，四种加固的石样力学性能上都得到了加强，能够达到加固的要求。有机硅改性丙烯酸酯和硅酸乙酯加固强度相对较高。

第四节　模拟风化岩石加固效果比较研究

一、模拟风化岩石的制备

通过对古崖居风化岩石加固后，抗折、抗压强度的测量数值分析，发现因为所取古崖居岩石样块的风化程度各不相同，且样块内部均存在大小、宽窄不同的风化裂隙。这就对比较加固效果产生了很大的麻烦，就相当于风化岩石样块强度不在同一水平线上，无法客观地评价加固剂的效果。基于以上原因，选配了一批与古崖居风化岩石同材质、同成分、同产地的新鲜石材。新鲜石材样块为同一块大石材上切割，且未经风化，所以新鲜石材样块拥有相似的强度。再将切割好的新鲜石材样块，放入浓度同为30%的硝酸中，浸泡一周，老化到同一程度后，取出并用蒸馏水冲洗3次，再用蒸馏水浸泡1h，测试pH值，若不是中性，则再换蒸馏水继续浸泡1h，如此反复，直至去尽残酸。常温干燥一周后，备用。

二、模拟风化岩石加固方法

新鲜石材样块经过模拟风化后，采用涂刷法进行加固。因为正硅酸乙酯和有机硅同属于有机硅类材料，且性能相近，但各具特点，为把两种材料的优点都发挥出来，特意多加了一组这两种材料混合使用的加固方法，把样块分为五组，见表4-16。

表 4-16 四种加固材料涂刷工艺

样品	有效成分	涂刷遍数
第 1 组	正硅酸乙酯	3 遍
第 2 组	有机硅	3 遍
第 3 组	有机硅改性丙烯酸酯	3 遍
第 4 组	丙稀酸（乳液）	3 遍
第 5 组	正硅酸乙酯	2 遍
	有机硅	1 遍

加固完成后，自然干燥两周，加固后的石材表面变化如图 4-11，上左、上右的石材分别采用水性丙烯酸和硅酸乙酯加固，加固后石材的表面颜色光泽无变化。下左、下中、下右的石材分别采用硅酸乙酯+有机硅逐层涂覆、有机硅及硅丙加固后，外表颜色均变深，仿佛被水湿润过，此外，采用硅丙加固过的石材表面出现明显的玄光效应。而对于文物保护，文物加固前后的

图 4-11 不同加固剂加固后的石材表面状况

外观应不发生变化，就此来看，水性丙烯酸和有机硅BYB1002要优于其他加固剂。

三、模拟风化岩石加固后物理性能及加固后微观形貌

（一）模拟风化岩石加固后物理性能

1. 抗压强度

试验目的是检测4种不同的加固材料（5种加固方法）渗透加固模拟风化石材样品后，对石材样品抗压强度的影响，同时比较4种不同的加固渗透材料（5种加固方法）加固性能的好坏。

实验中，将古崖居的石材样品，切割成5 cm×5 cm×5 cm的试样，按照通常的方法涂刷3遍加固以后，在万能强度试验机上测试其抗压强度。

通过实验结果可以看出（见表4-17），无论用哪种加固材料，都提高了模拟风化石材的抗压强度。其中硅酸乙酯、有机硅和硅丙加固后岩石抗压强度均达到或接近未风化石材的强度，但丙稀酸和硅酸乙酯＋有机硅抗压强度提高不大。

表4-17 石材加固材料对模拟风化岩石样品抗压强度的影响

样品	平均抗压强度（MPa）	数据测定量
新石材	152.43	5
模拟风化岩石	106.9	5
硅酸乙酯	155	10
有机硅	152.6	10
硅丙	150.9	10
丙稀酸	121.8	10
硅酸乙酯＋有机硅	135.8	10

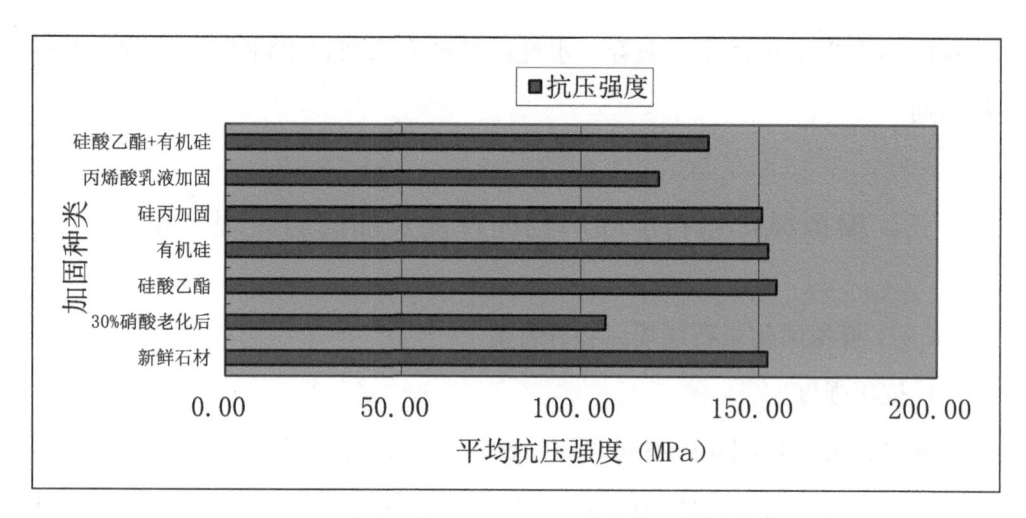

图 4-12　模拟风化岩石样品加固后抗压强度比较

2. 抗折强度（三点弯曲）

试验目的是检测 4 种不同的加固材料（5 种加固方法）渗透加固模拟风化石材样品后，对石材样品抗三点弯曲（抗折）强度的影响，同时比较 4 种不同的加固渗透材料（5 种加固方法）加固性能的好坏。

实验中，将模拟风化的石材样品，涂刷 3 遍加固后，干燥固化。在万能强度试验机上测试抗折强度。

表 4-8 是对模拟风化石样进行三点抗折测试结果。

表 4-18　四种加固材料三点弯曲强度试验结果

	平均抗折强度（MPa）	数据测定量
新石材	9.04	5
模拟风化岩石	5.92	5
硅酸乙酯	8.05	10
有机硅	7.16	10
硅丙	8.745	10
丙稀酸	6.505	10
硅酸乙酯 + 有机硅	8.415	10

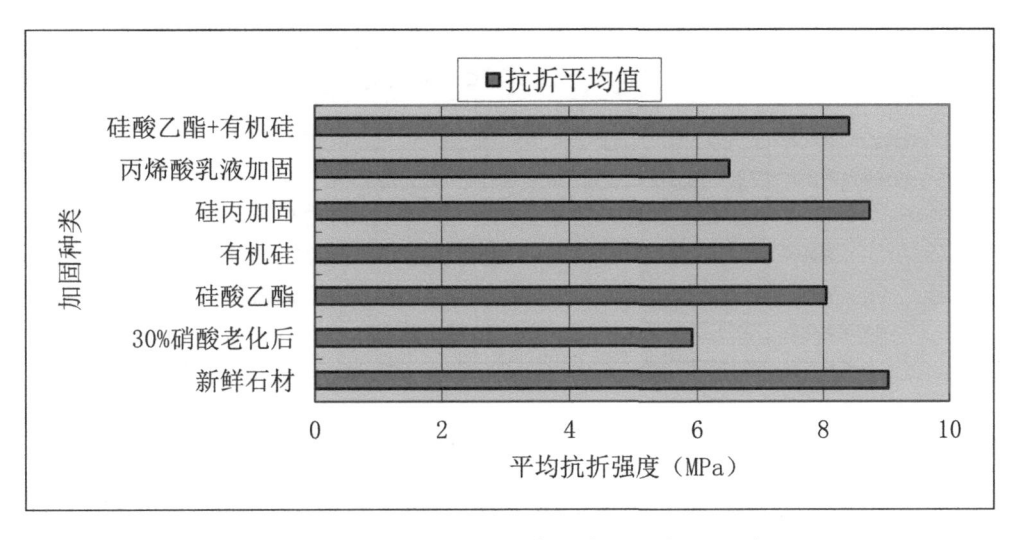

第四章 加固材料的筛选及应用研究

图 4-13 模拟风化岩石样品加固后抗折强度

3. 回弹强度

试验的目的是：检测 4 种不同的加固材料（5 种加固方法）渗透加固模拟风化石材样品后，对石材样品回弹强度的影响，同时比较 4 种不同的加固渗透材料（5 种加固方法）加固性能的好坏。

实验中，将模拟风化的石材样品，涂刷 3 遍加固后，干燥固化。用回弹仪测试回弹强度。

表 4-19 是模拟风化岩石样品回弹强度测试结果。

表 4-19 模拟风化岩石样品加固后回弹强度

	平均回弹强度（MPa）
新石材	31
模拟风化岩石	20.3
硅酸乙酯	26.67
有机硅	26.33
硅丙	24.33
丙稀酸	29.33
硅酸乙酯 + 有机硅	24.67

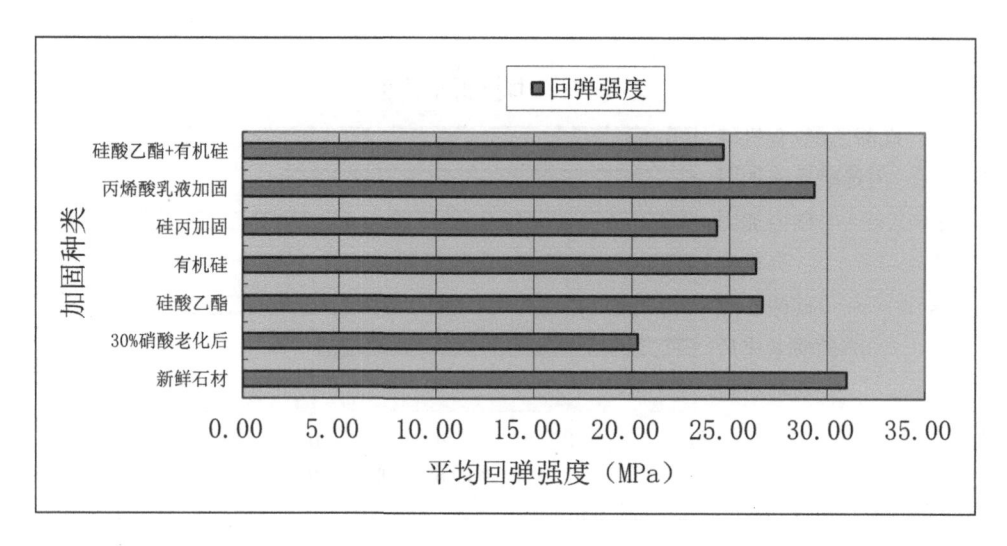

图 4-14 模拟风化岩石样品加固后回弹强度

（二）模拟风化岩石加固后微观形貌分析

1. 硅酸乙酯

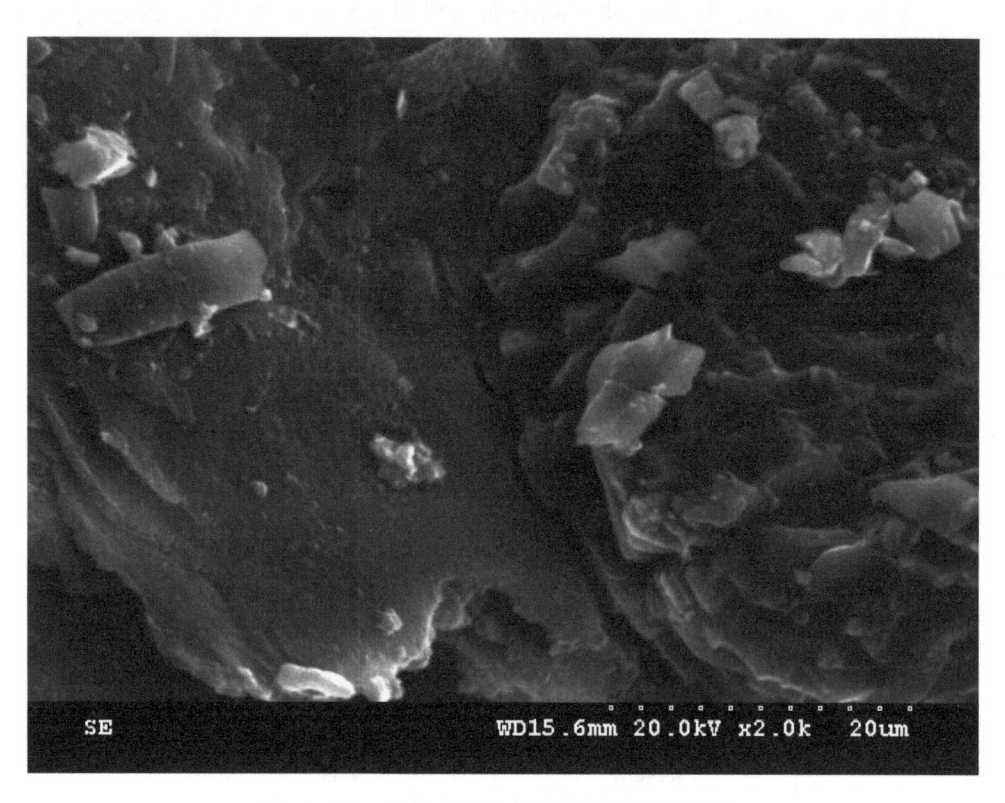

图 4-15 硅酸乙酯加固后表面 SEM 照片

从 SEM 照片可见加固后岩石原有的缝隙基本上都被填满，颗粒棱角较为明显，颗粒半径也较大。分散的颗粒形成较大的团粒，形成了整体的联结（其中的裂纹是压制时形成的），抗风化能力、强度明显提高。

2. 有机硅

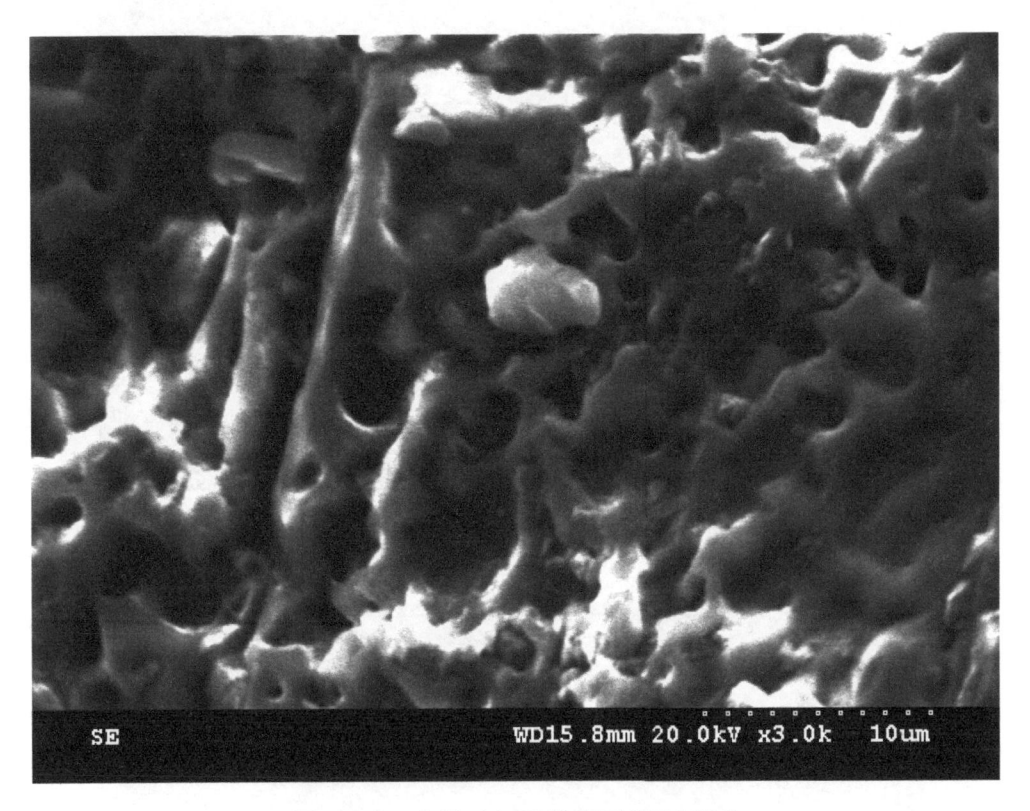

图 4-16 有机硅加固后表面 SEM 照片

从 SEM 照片（图 4-16）可见由于有机硅树脂充填到颗粒缝隙间而使缝隙减少、变浅，表面有高分子膜覆盖。

3. 硅丙

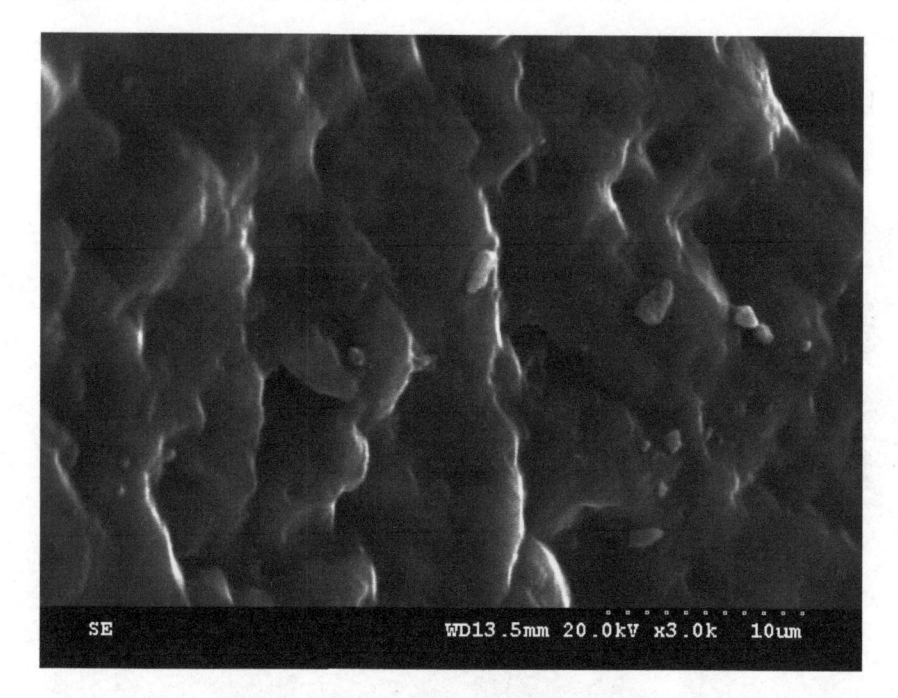

图 4-17　硅丙加固后表面 SEM 照片（1）

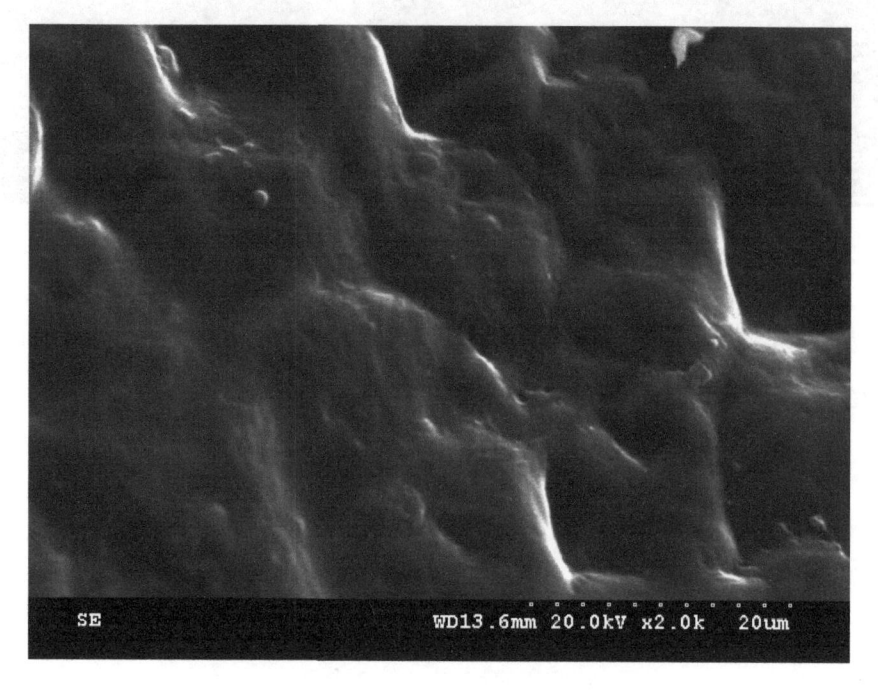

图 4-18　硅丙加固后表面 SEM 照片（2）

从 SEM 照片（图 4-17、18）可见加固后岩石不仅颗粒之间的缝隙大部分被填满，而且在表面形成了致密的高分子膜，将岩石颗粒完全包裹在其中。

4. 丙稀酸

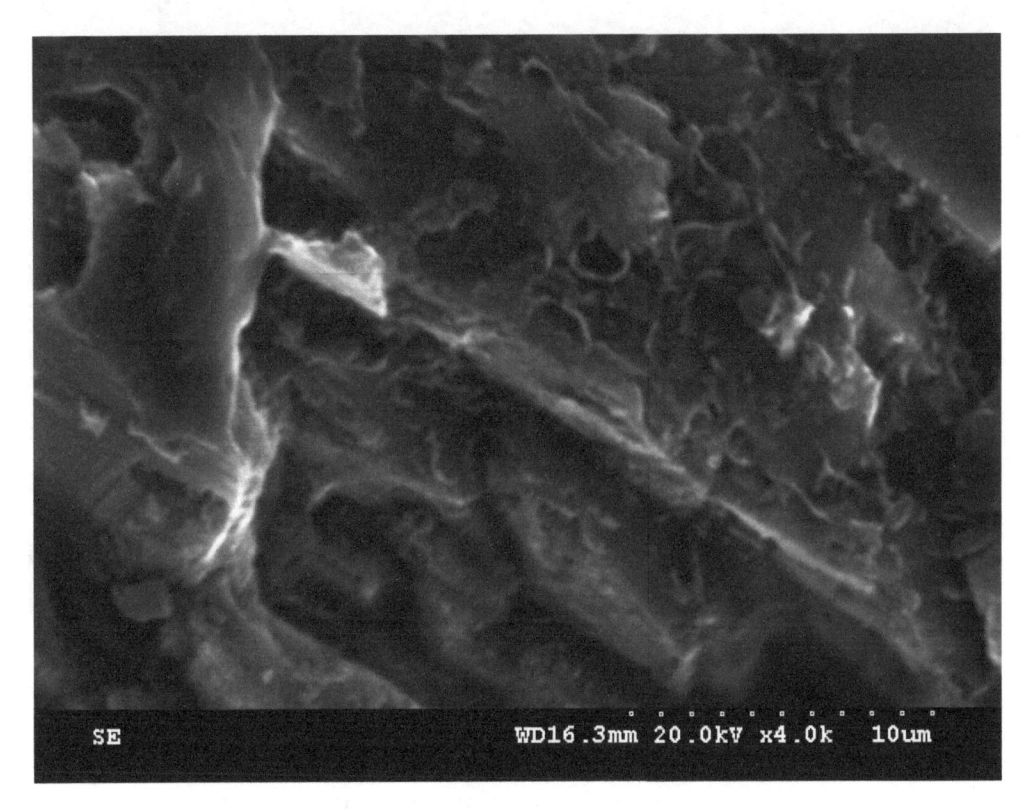

图 4-19 丙稀酸加固后 SEM 照片

从 SEM 照片（图 4-19）可见加固后岩石表面缝隙均被白色丙烯酸树脂充填，部分丙烯酸树脂相互作用形成了交联结构。

5. 硅酸乙酯和有机硅混合加固

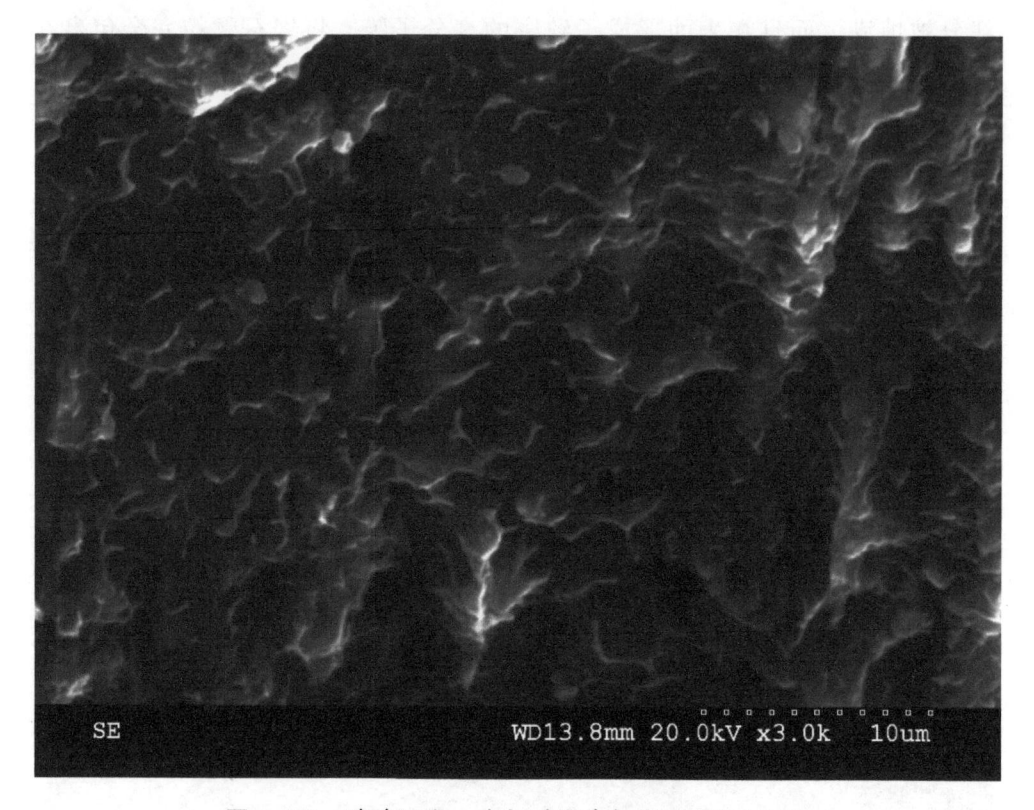

图 4-20　硅酸乙酯 + 有机硅混合加固后 SEM 照片

从 SEM 照片（图 4-20）可见加固后岩石表面缝隙被充填，且岩石颗粒和加固材料形成了整体的联结，构成了有机—无机的复合结构，提高了强度。

6. 小结

以上 4 种加固材料 5 种加固方法，在不明显增加岩体质量的前提下，用较简易的方法实现了岩体加固，各方面性能都有不同程度提高。

加固材料可以在一定程度上使岩体颗粒的表面状态、颗粒形貌、孔隙形态和数量、分布等发生有益变化、强度得以提高。

四、模拟风化岩石加固后吸水率的变化

加固后吸水实验的目的是对比各种加固材料，加固后的防水效果。

试验方法（GB/T9966.3.2001）：将实验样块用刷子清扫干净放入100度烘箱干燥24 h，取出冷却到室温，称其质量m_0，再将实验样块放入室温的蒸馏水中，浸泡48 h，取出，用拧干的湿毛巾擦去表面水分，并立即称重量m_1。

吸水率 = $(m_1-m_0)/m_0 \times 100\%$

表4-20 模拟风化岩石加固后吸水率的变化（%）

项目	新石材	30%硝酸老化后	硅酸乙酯加固后	有机硅加固后	硅丙加固后	丙烯酸乳液加固后	硅酸乙酯+有机硅混合加固后
吸水率（%）	0.235	0.240	0.081	0.021	0.095	0.168	0.077

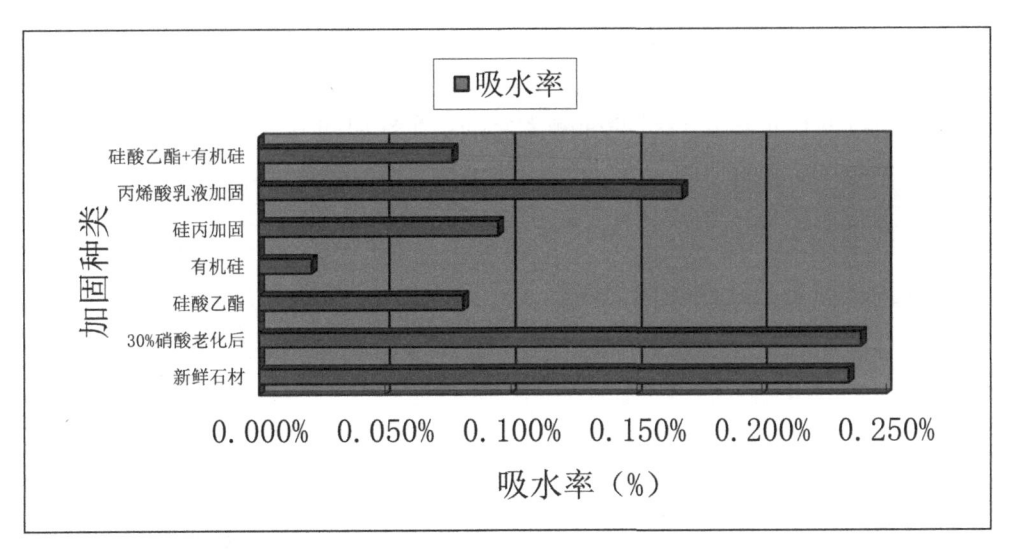

图4-21 模拟风化岩石加固后吸水率的变化

加固过的模拟风化石材的吸水率从高到低的顺序为丙烯酸 > 硅丙 > 硅酸乙酯 > 硅酸乙酯 + 有机硅 > 有机硅，均小于未加固的模拟风化石材。

五、模拟风化岩石加固后老化实验

(一) 热老化试验

模拟风化岩石加固后分别在120℃热老化箱中连续老化20天。

表4-21 模拟风化岩石加固后热老化实验数据

组号	产品名称	回弹强度（MPa）	抗压强度（MPa）	抗折强度（MPa）
新石材		31.00	152.43	9.04
模拟风化岩石		20.30	106.90	5.92
1	硅酸乙酯	21.56	98.90	6.89
2	有机硅	22.22	107.50	6.34
3	硅丙	23.11	93.20	6.08
4	丙稀酸	23.78	90.64	6.15
5	硅酸乙酯+有机硅	22.00	123.70	6.56

加固过的模拟风化石材经冻融老化后，5种加固方式硅丙和丙稀酸的回弹强度最好，有机硅、硅酸乙酯和硅酸乙酯+有机硅混合也有一定的加固效果。硅酸乙酯+有机硅混合抗压强度最好，有机硅其次，丙稀酸、硅酸乙酯和硅丙较差（强度比加固前降低了十几MPa）。抗折强度方面，硅酸乙酯最好，硅丙和有机硅其次，硅酸乙酯+有机硅混合和丙稀酸也有一定的加固效果。

(二) 光老化试验

模拟风化岩石加固后，分别在紫外光老化灯下照射720 h。

表 4-22　模拟风化岩石加固后光老化实验数据

组号	产品名称	回弹强度（MPa）	抗压强度（MPa）	抗折强度（MPa）
新石材		31.00	152.43	9.04
模拟风化岩石		20.30	106.90	5.92
1	硅酸乙酯	24.04	112.00	7.34
2	有机硅	22.21	137.40	6.48
3	硅丙	20.40	74.90	6.25
4	丙稀酸	20.85	104.60	6.34
5	硅酸乙酯+有机硅	23.83	119.50	7.01

加固过的模拟风化石材经冻融老化后，5种加固方式硅酸乙酯和硅酸乙酯+有机硅混合的回弹强度最好，有机硅其次，硅丙和丙稀酸较差，经光老化后，几乎没有加固效果了。有机硅抗压强度最好，硅酸乙酯+有机硅混合和硅酸乙酯其次，丙稀酸和硅丙较差（强度接近或低于加固前）。硅酸乙酯+有机硅混合和硅酸乙酯抗折强度最好，硅丙、有机硅和丙稀酸也有一定的加固效果。

（三）耐冻融试验

试验分别使用模拟风化岩石加固后，放入室温下水浸泡24 h饱水，滤纸吸干表面水分后，放置样品于零下20℃的冰箱中冰冻8 h，之后取出放于室温水中浸泡解冻1 h，之后观察样品表面情况，并且照相记录，以此为一个周期，此后继续冰冻、融解，如此反复，进行50周期。

表 4-23 模拟风化岩石加固后冻融实验数据

组号	产品名称	回弹强度（MPa）	抗压强度（MPa）	抗折强度（MPa）
新石材		31.00	152.43	9.04
模拟风化岩石		20.30	106.90	5.92
1	硅酸乙酯	25.55	105.30	8.06
2	有机硅	24.67	126.90	6.07
3	硅丙	22.78	101.00	8.46
4	丙稀酸	25.56	107.20	6.42
5	硅酸乙酯+有机硅	22.78	117.90	7.01

加固过的模拟风化石材经冻融老化后，5种加固方式硅酸乙酯和丙稀酸回弹强度最好，有机硅其次，硅丙和硅酸乙酯+有机硅混合也有一定的加固效果。有机硅抗压强度最好，硅酸乙酯+有机硅混合其次，丙稀酸和硅酸乙酯和硅丙较差（强度接近，或低于加固前）。硅丙和硅酸乙酯抗折强度最好，硅酸乙酯+有机硅混合其次，有机硅和丙稀酸也有一定的加固效果。

（四）耐酸试验

本实验目的是比较4种材料耐酸腐蚀的能力，实际酸雨含少量硫酸和硝酸，为排除微溶盐影响和简化试验步骤，本次试验使用pH为1的稀释后盐酸，浓度为0.1 mol/L。

用模拟风化岩石加固后的样块，分别在同浓度盐酸中浸泡24 h，并用水冲洗3次，再用水浸泡1 h，去尽残酸，进行测量。

表 4-24 模拟风化岩石加固后耐酸实验数据

组号	产品名称	回弹强度（MPa）	抗压强度（MPa）	抗折强度（MPa）
新石材		31.00	152.43	9.04
模拟风化岩石		20.30	106.9	5.92
1	硅酸乙酯	25.33	105.80	7.28

续表

组号	产品名称	回弹强度（MPa）	抗压强度（MPa）	抗折强度（MPa）
2	有机硅	24.67	127.30	6.65
3	硅丙	24.00	64.16	7.31
4	丙稀酸	25.67	103.70	6.91
5	硅酸乙酯+有机硅	24.00	93.30	8.91

加固过的模拟风化石材经酸老化后，5种加固方式回弹强度性能相近，有机硅抗压强度最好，丙稀酸和硅酸乙酯混合其次，硅酸乙酯+有机硅混合和硅丙较差（强度低于加固前）。硅酸乙酯+有机硅混合抗折强度最好，硅丙和硅酸乙酯其次，有机硅和丙稀酸一般，但也有一定的加固效果。

（五）耐盐试验

风化岩石加固后的样块，放入5%硫酸钠溶液中浸泡1天后取出，在100℃左右老化箱内干燥8 h，以此为一个试验循环周期，如此反复。观察试样变化。30个循环。

表4-25　模拟风化岩石加固后耐盐实验数据

组号	产品名称	回弹强度（MPa）	抗压强度（MPa）	抗折强度（MPa）
新石材		31.00	152.43	9.04
模拟风化岩石		20.30	106.90	5.92
1	硅酸乙酯	25.50	74.60	6.28
2	有机硅	25.01	114.40	6.34
3	硅丙	24.34	81.30	6.01
4	丙稀酸	24.07	104.00	6.21
5	硅酸乙酯+有机硅	25.08	108.50	6.22

加固过的模拟风化石材经盐老化后，5种加固方式中回弹强度和抗折强

度的性能相近，有机硅抗压强度最好，丙稀酸和硅酸乙酯+有机硅混合其次，硅酸乙酯和硅丙较差（强度低于加固前）。

第五节 总结

总结上述试验结果，将四种石材加固材料的综合性能情况列表比较，见表4-27。综合比较中，将材料的各种性能分为四等：好，3分；较好，2分；一般，1分；差，0分。同时，为了体现不同性能的重要程度，采用权重方式，权重指数见表4-26中权重指数一栏，将四种材料的各项性能分析的得分数，分别乘以权重指数，即得出其在这一项性能的综合性能分数，将综合性能分数累计起来，就可以得出该种材料性能综合性能总评分。

公式：项目测试综合性能分数 = 项目性能分数 × 权重指数

表4-26　4种加固材料综合性能比较

	硅酸乙酯 评价	得分	综合分	有机硅 评价	得分	综合分	硅丙 评价	得分	综合分	丙稀酸 评价	得分	综合分	权重指数
流动性	好	3	9	好	3	9	一般	1	3	好	3	9	3
成膜性	好	3	6	好	3	6	较好	2	4	一般	1	2	2
涂膜硬度	较好	2	2	较好	2	2	较好	2	2	好	3	3	1
附着力	较好	2	6	好	3	6	较好	2	4	好	3	4	2
冲击强度	好	3	6	好	3	6	好	3	6	好	3	6	2
抗压强度	好	3	9	好	3	9	较好	2	6	一般	1	3	3
模拟抗压强度	好	3	9	好	3	9	好	3	9	一般	1	3	3
抗折强度	好	3	9	一般	1	3	好	3	9	一般	1	3	3
模拟抗压强度	好	3	9	较好	2	6	一般	1	3	好	3	9	3
模拟回弹强度	较好	2	6	较好	2	6	一般	1	3	好	3	9	3

第四章 加固材料的筛选及应用研究

续表

	硅酸乙酯			有机硅			硅丙			丙稀酸			权重指数
	评价	得分	综合分	评价	得分	综合分	评价	得分	综合分	评价	得分	综合分	
耐光老化													
（1）色差	好	3	9	好	3	9	一般	1	3	差	0	0	3
（2）抗压强度	较好	2	4	好	3	6	差	0	0	较好	2	4	2
（3）抗折强度	好	3	6	一般	1	2	一般	1	2	一般	1	2	2
（4）回弹强度	好	3	6	较好	2	4	差	0	0	一般	1	2	2
耐热老化													
（1）色差	好	3	9	差	0	0	好	3	9	差	0	0	3
（2）抗压强度	较好	2	4	较好	2	4	一般	1	2	一般	1	2	2
（3）抗折强度	好	3	6	较好	2	4	一般	1	2	一般	1	2	2
（4）回弹强度	一般	1	2	一般	1	2	一般	1	2	一般	1	2	2
耐冻融													
（1）抗压强度	一般	1	8	好	3	12	一般	1	4	一般	1	4	4
（2）抗折强度	好	3	12	一般	1	8	好	3	12	一般	1	4	4
（3）回弹强度	好	3	12	好	2	8	好	3	4	好	3	12	4
耐酸													
（1）抗压强度	较好	2	4	好	3	6	一般	1	2	较好	2	4	2
（2）抗折强度	好	2	4	好	1	2	较好	2	4	一般	1	2	2
（3）回弹强度	好	3	6	较好	2	4	较好	2	4	好	3	6	2
耐盐													
（1）抗压强度	较好	1	4	好	3	6	一般	1	2	较好	2	2	2
（2）抗折强度	较好	2	4	较好	2	4	较好	2	4	较好	2	4	2
（3）回弹强度	好	3	6	好	3	6	好	2	4	好	2	4	2
耐水	好	3	3	好	3	3	好	3	3	好	3	3	1
加固后吸水率	较好	2	6	好	3	9	一般	1	3	差	0	0	3
透气	好	3	9	较好	2	6	一般	1	3	一般	1	3	3

续表

	硅酸乙酯			有机硅			硅丙			丙稀酸			权重指数
	评价	得分	综合分	评价	得分	综合分	评价	得分	综合分	评价	得分	综合分	
外观影响	好	3	6	好	3	6	好	3	6	好	3	6	2
加固材料增重	好	3	6	好	3	6	较好	2	4	一般	1	2	2
渗透深度	较好	2	6	较好	2	6	差	0	0	差	0	0	3
现场回弹强度	较好	2	2	较好	2	2	好	3	3	好	3	3	1
综合性能总分	211			183			133			124			

注：两种石材加固料综合性能比较，采用四级比较方式：好、较好、一般、差。N/A：表示未做试验。

由石材加固材料综合性能比较表以及前文各项试验数据，可以得出硅酸乙酯和有机硅混合加固后，并没有发挥出两者的优点，在大多数老化后性能测试中所得数据均低于两者单独使用。通过对5种加固方式的综合对比，BYG1001硅酸乙酯加固剂的综合性能最好。

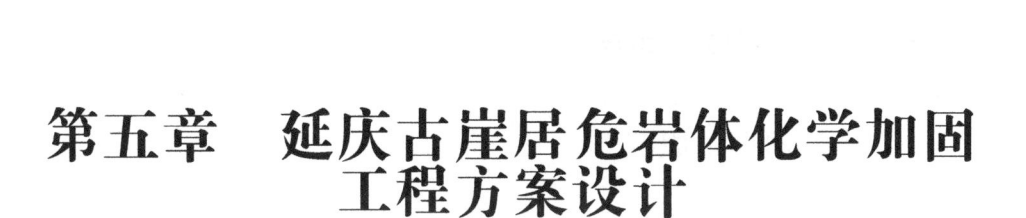

第五章　延庆古崖居危岩体化学加固工程方案设计

项目名称：延庆古崖居前山景区危岩体化学加固工程

项目地点：延庆古崖居

业主单位：北京古崖居风景名胜区旅游中心

上级主管部门：北京八达岭旅游总公司 延庆县文化委员会

工程范围：延庆古崖居前山景区（一号工点）

延庆古崖居前山景区（一号工点）山体中下部岩石严重风化、个别洞内顶部存在大裂缝，有发生滚石的危险。2010年4月，延庆县文化委员会和北京古崖居风景名胜区旅游中心委托北京市文物建筑保护设计所对延庆古崖居前山景区（一号工点）危岩体进行治理工程设计。北京市文物建筑保护设计所于2010年5月在现场进行了全面深入的现场勘察后，制定抢险保护工程设计文件。

本次工程内容包括：

1. 古崖居前山景区（一号工点）的外立面强风化部位进行化学加固。

2. 前山景区（一号工点）个别窟内危岩体结构支顶。

第一节　历史沿革

一、古崖居遗址概况

古崖居位于延庆西北部张山营镇东门营村北山沟谷内。1984年第二次国家文物普查时发现，1990年2月被定为北京市第四批文物保护单位，现为一处对外开放的文物名胜游览区。

该处遗址依山凿建，从山谷中行走可见三面崖壁上较集中地分布着高低不等、大小不一的石窟群，当地将其称为洞沟石窟。从市文研所所做的勘测调查可知，洞窟遗址集中开凿于前沟和后沟内。目前有编号的洞窟约130座。窟室分为单室、双室、三室、多室等。根据室内陈设可分为有炕洞窟、有畜槽洞窟（或二者兼有）及无炕洞窟三类。一些石室内遗留有火炕、灶炕、锅台、石窗、壁橱、烟道、气孔、石凭、马槽等设施，俨然一处石窟居住村落。其中一座俗称官堂子的洞窟正处于窟群遗址的中心位置。洞窟分上下两层，开间大且高，除炕、灶、窗外，还凿有凭、坛等，是当地规模最为宏大的窟室，估计是首领居住或聚落成员聚会、议事之处。

从目前对文物遗存调查情况看，古崖居是北京地区发现的规模最大、最为集中的洞窟聚落遗址，它为研究该地区的历史以及当时人们的生产、生活状况提供了珍贵的实物资料。因此，保护好这处文物遗存，具有十分重要的意义。

二、古崖居修葺概况

古崖居遗址自1990年被定为市级文物保护单位后，1991年为发展乡镇旅游业对其进行了开发利用，建立了北京古崖居原始部落旅游度假区，并由北京古崖居管理处统一进行管理。据管理处同志介绍，为保护山上的洞窟，管理处曾于1997年对古崖居进行过修缮，大致有以下几种方法：打钢箍加固墙体；灌注水泥沙浆加固；加砌钢筋水泥墙体加固；封堵天窗；泼洒水泥沙浆液封护岩体；加防护罩。2005年，对古崖居前山景区（一号、二号工点）和古崖居后山景区（三号工点），进行了整体锚杆结构加固。2007年，对古崖居后山景区（三号工点）强风化岩体，进行了化学保护。

第二节 保护范围与建设控制地带的划定、公布及执行情况

一、已公布的保护范围及建设控制地带

名称： 古崖居遗址

批次： 第五批划定文保单位的保护范围及建控地带

保护范围： 北以古崖居洞沟北端775米等高线为界。东、西沿东、西山梁向东南、西南至775米等高线向北回转处以南，以洞沟两侧山梁为界向南下至洞沟山口。南以山口两山最近处自然连线为界。对保护范围内现存崖洞、寨门遗迹、山坡山石等均需按现状严格保护，不得在保护范围内进行工程建设。采取措施对山体予以加固。如需进行保护性建设需经市文物古迹保护委员会讨论通过，经有关部门按文物保护法审批，方可施工。对绿化植被加强保护，不宜增加和改变现状植被面貌。

建设控制地带： Ⅴ类建设控制地带东：自洞沟北山1072.0米高点山头向东南沿山梁（在保护范围以东部分约距保护范围500米左右）向南至约555米高程的水渠。南：东段以水渠为界，西段以连接水渠的小路为界（在山口前约距山口200-300米）。西：北段自洞沟北山1072.0米高点山头向西南沿山梁向下、遇有岔梁时，沿向西南山岔梁向下，至650米等高线山梁分岔处以下则以两岔间山沟中线为界。北至1072.0米高点（除保护范围以外地带）。在此地带内不得开山取石、打孔放炮，不得改变地形地貌。开矿挖洞。加强绿化植被，可建经济林、植果树等。在此地带南端575米高程以下部分平坦

图 5-1　古崖居遗址保护范围及建设控制地带图

地区，可建部分旅游配套设施，建筑高度应以平房为主，可建局部二层，建筑形式外貌以农村旧民居形式为准，内部可建成符合现代要求的设施。

二、保护范围及建设控制地带执行情况

1990年2月被定为北京市第四批文物保护单位后，对景区内道路和环境进行了整治，保护范围及建设控制地带规定执行情况总体趋好，周围全是原始山体，植被覆盖率高。

第三节　主要病害及病害产生机理

一、延庆古崖居的病害特征

千百年来，人们在崖体上开挖了数以千计的洞穴。从地质工程的角度来

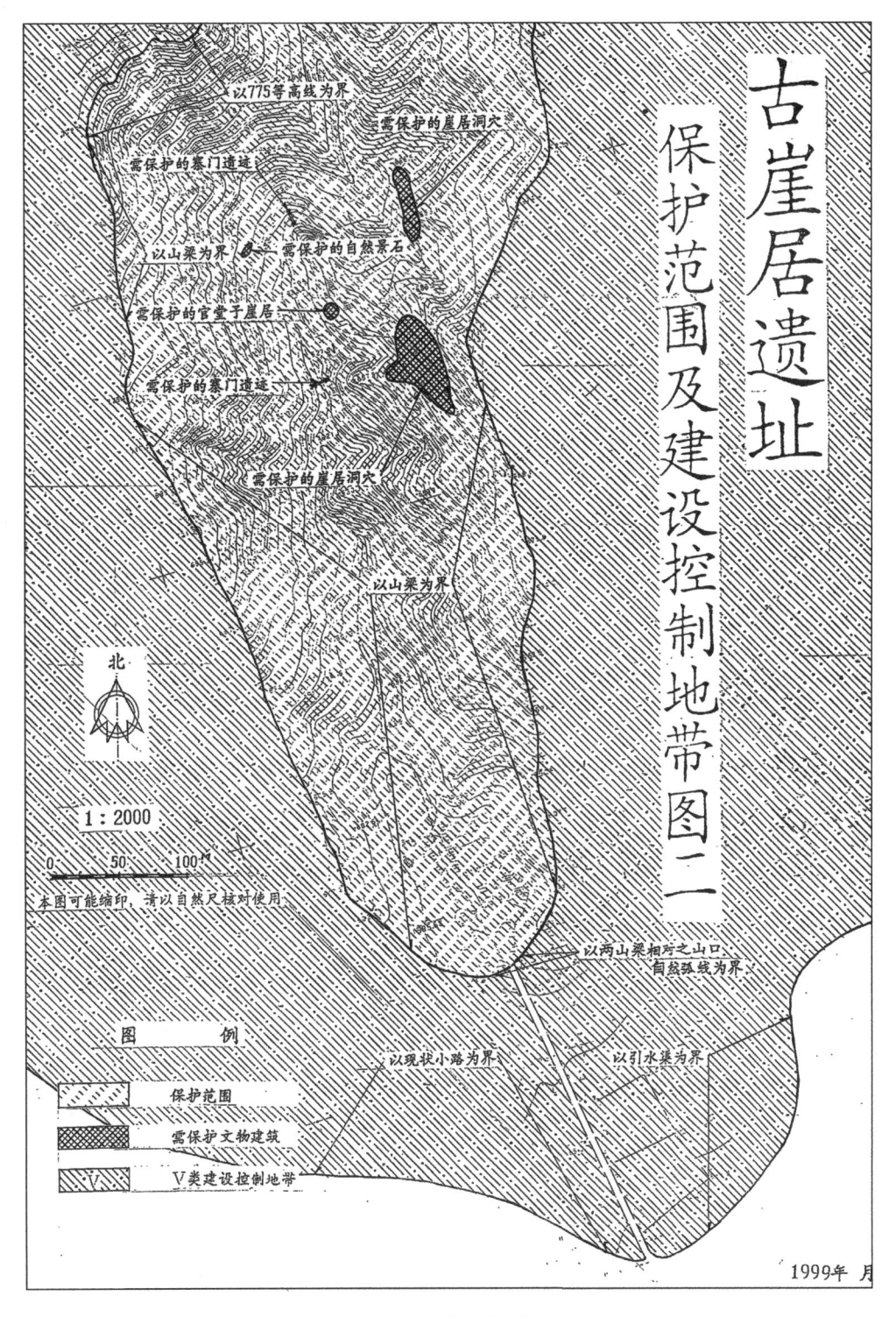

第五章　延庆古崖居危岩体化学加固工程方案设计

图 5-2　古崖居保护范围与建设控制地带图

看，这些人为开凿的密集洞窟改变了崖体初始的应力平衡状态，造成了崖体的应力重分布，这是影响崖体稳定性的最主要因素。然而，它们却又是文物古迹保护的核心所在。因此，在文物保护科学中，应该将洞窟与崖体视作一个文物古迹整体来加以保护研究。

经过调查，我们初步认为洞窟群所遭受的病害主要为大气降水对崖面及洞窟的侵蚀，直立崖体表面存在的各类裂隙对洞窟稳定性的影响。

（一）裂隙发育

由于地质构造运动以及洞窟开挖的影响，崖体中形成了大量的裂隙，这些裂隙对整个坡体的稳定起着控制作用，可大致归结为四类，即构造裂隙、卸荷裂隙、层间裂隙以及纵张裂隙。

由于大多数崖体存在有上述四类不同性质的裂隙，使得崖体的整体结构遭到不同程度的破坏，在地震等外力作用下，极易产生崩塌和岩体下错，在不同部位产生多处危岩体、危石或裂隙切割洞窟，威胁洞窟的安全。同时裂隙本身又会成为大气降水向岩体深部渗入的通道，加速深部岩体风化。

（二）雨蚀

崖面上随处可见雨水冲刷的痕迹，在崖顶上也布满了或大或小的雨水冲沟。短时间内强烈的大气降水在崖面及崖顶上汇合而形成面流，冲刷崖体。在造成崖面上部洞窟崩塌后，继续向下冲刷，沿裂隙渗入下层洞窟，从而造成更大的破坏，最终导致洞窟的坍塌。

（三）风化

风化是造成洞窟崖面侵蚀、崖体破坏的自然因素之一。

从现存情况看，古崖居的保存状况令人担忧。虽然地方的文物部门已经采取了一些保护措施，但对于古崖居这处文物遗址的保护而言，还是远远不够的。

由于洞窟遗址开凿于沙砾花岗岩石的山坡上，在雨、雪、风、沙等自然营力的破坏下，窟崖壁面酥粉严重，用手轻微触摸，沙粒和石屑即层层剥落。一些石柱、石龛、脚窝、柱础等诸多遗迹已渐变模糊。不少地方出现大小不等的裂隙，细处几厘米，宽处可达几十厘米。山岩崖体裂隙的产生和发

第五章 延庆古崖居危岩体化学加固工程方案设计

展速度也相当惊人。位于后沟崖壁上的洞窟即是因为山体裂隙的不断延深、加宽，导致崖体前沿崩塌，使大部分洞室直接暴露于露天。由于雨、雪、风、沙可毫无遮挡地侵入室内，所以风化愈加严重。而新出现的裂隙又会导致新的崩塌出现。由于沙砾花岗岩的岩质疏松、颗粒粗糙，因此自身耐风化性能极差。所以，做好古崖居洞窟的加固、保护工作已迫在眉睫。

二、古崖居岩体病害产生机理分析

温度的高低变化以及各种有害气体、水及生物的活动使石质文物在结构构造甚至化学成分上逐渐发生变化，使岩石由大块变成小块，强度由坚硬变得疏松，甚至组成岩石的矿物也发生化学反应，在当时环境下产生稳定的新矿物。这种由于温度、大气、水溶液和生物的作用，使石刻岩体发生物理状态和化学组分变化的过程称为风化。

（一）温、湿度对古崖居风化的影响

根据北京市延庆县气象局提供的近六年来的气象资料显示，该地区：

表 5-1 延庆县气象数据

	年平均气温	最高气温	最大相对湿度	最小相对湿度
数据	12.3℃	39.9℃	63%	0%
	年降水量	日最大降水量	降水主要集中	无霜期
数据	546.4 mm	131.5 mm	7月至8月	202.4 天

温、湿度是造成古崖居岩石风化的重要原因。岩石的导热性很不好。岩石在白天受到阳光照射时，外热内冷，夜间则外冷内热，产生冷热温差现象。大多数岩石是由多种矿物组成的，各矿物的膨胀系数不一致，导致颗粒间的联结被破坏。夏季遭暴晒的岩石突然受到暴雨的浇淋，岩石中的膨胀性矿物遇水膨胀，加速破坏石刻岩体颗粒间的联结和岩体表层与里层的

联结，使岩石表层疏松产生裂缝，温差风化多造成岩石的鳞片状剥落。古崖居岩石表面多见鳞片状剥落现象。鳞片厚度与岩石中矿物颗粒的直径有关，粗砂岩中的鳞片厚度约为2.5 mm～4 mm，细砂岩中形成的薄片厚度0.16 mm～1.1 mm。

石质文物中所含的水遇到低温时结成冰，水相到冰相的变化过程中，其体积增加9.2%，在结冰和解冻作用循环进行下，充满岩石细小裂隙和孔隙中的水，由于体积变化而对裂隙和孔隙壁所造成的巨大膨胀压力，进一步促使裂隙扩大，并最终导致各个岩块之间的联系被减弱或破坏。

（二）降雨对古崖居风化的影响

降雨对古崖居岩石的作用表现在：

1. 雨水对古崖居岩石洗蚀、冲刷，使松动的岩石颗粒脱落。

2. 雨水浸湿软化古崖居岩石中的泥质物，在饱水状态下发生水化作用，造成体积膨胀使岩体胀裂。雨后泥质物干燥收缩脱落，形成大量微细裂隙并逐渐扩大成空腔。

3. 雨水浸润在古崖居岩石表面，降水成分复杂，与石质文物组分及早期风化产物发生一系列化学作用下生成各种可产生侵蚀破坏的盐类，使石质文物表层遭受强烈破坏。

4. 降雨的季节性分布使上述作用反复进行，风化破坏不断积累加剧。

（三）酸雨及有害气体对古崖居风化的影响

在降雨对古崖居岩石风化的影响中，酸雨沉降危害最大，因此，单独提出来研究。延庆古崖居地处北京，因此，不得不考虑大气酸沉降物——酸雨、酸雾直接降落在岩体上，对石质文物造成侵蚀，酸雨冲刷风化产物，进一步渗透，使石质文物表面侵蚀程度加深。

据联合国卫生署统计，全世界每年有10亿吨以上有害气体排入大气，这种趋势是有增无减。

1. 空气中氮、硫、碳氧化物的腐蚀

氮的氧化物有害气体：NO、NO_2、N_2O_5。

硫的氧化物有害气体：SO_2、SO_3。

碳的氧化物有害气体：CO_2、CO。

这些氧化物气体极易在各种石质文物表面，特别是露天石质文物表面遇到空气中水蒸气而形成无机酸腐蚀石质文物。

$NO+O_2$（空气中）$\rightarrow NO_2$（H_2O）$\rightarrow HNO3$　　$NO_2+H_2O \rightarrow HNO_3$

$SO_2+H_2O \rightarrow H_2SO_3$（空气中）$\rightarrow H_2SO_4$　　$SO_3+H_2O \rightarrow H2SO_4$

$CO+O_2$（空气中）$\rightarrow CO_2 \rightarrow H_2CO_3$　　$CO_2+H_2O \rightarrow H_2CO_3$

这些无机酸对石质文物的腐蚀（特别是对以 $CaCO_3$ 为主的石质如大理石、汉白玉）是十分严重的，通过电子探针，X-射线衍射、质谱等分析手段对石质腐蚀产物分析证实，其风化的主要产物是 $Ca(NO_3)_2$、$CaSO_4 \cdot 2H_2O$、$Ca(HCO_3)_2$。以硅酸盐为主的石质如花岗岩，它的主要成分是长石 K［$AlSi_3O_8$］其腐蚀产物主要是高岭土 $Al_2Si_2O_5(OH)_4$，其腐蚀风化机理可简单分述如下：

① SO_2，SO_3 使石质文物风化机理如下式所示：

$$CaCO_3+SO_2+H_2O \rightarrow CaCO_3（空气中，氧气与水）\rightarrow CaSO_4 \cdot 2H_2O$$

大气尘埃中的金属氧化物、高温、高湿在风化过程起催化作用。腐蚀产物 $CaSO_4$ 不仅比 $CaCO_3$ 溶解度大，且能发生水合作用，产生水合物，使石质体积膨胀、硬度降低，加之雨水或岩石中水的冲刷，使石质文物表面形成的 $CaSO_4$ 溶解而产生条痕，使石质文物表面的细部形成粉状落脱。

② CO，CO_2 使石质文物风化机理如下式所示：

$$CaCO_3+CO_2+H_2O \rightarrow CaCO_3 \rightarrow CaHCO_3$$

CO 在空气中氧化为 CO_2，使以 $CaCO_3$ 为主的大理石、汉白玉，在 CO_2 和水的作用下转化为易溶的 $Ca(HCO_3)_2$，在干燥时结晶，产生的结晶压力使石质文物开裂产生裂隙、遇潮结晶又重新溶解，如此长期反复变化，使石质文物不断风化。

CO_2 使以硅酸盐（长石 $K[AlSi_3O_8]$）为主的花岗岩形成碳酸盐和高岭土：

$2K[AlSi_3O_8]+CO_2+2H_2O \rightarrow Al_2Si_2O_5(OH)_4$（高岭土）$+K_2CO_3$（可溶盐）$+SiO_2$（呈颗粒）$K_2CO_3$、流失 SiO_2 被水带走，而剩下松软的高岭土，因而花岗岩质地自然变松软。

③ NO，NO_2 使石质文物风化的机理：NO 在空气中遇氧很快变成 NO_2，再遇空气中水蒸气，在石质文物表面形成腐蚀性很强的硝酸，使石质中不溶于水的 $CaCO_3$ 转变为可溶性的 $Ca(NO_3)_2$ 随水流失，其转变的化学反应如下：

$$CaCO_3+2HNO_3 \rightarrow Ca(NO_3)_2+H_2CO_3 \rightarrow CO_2\uparrow+H_2O$$

2. 空气中有害氢化物气体的腐蚀：空气中有害氢化物气体主要是氯化氢和硫化氢。

① 氯化氢（HCl）对石质文物的腐蚀是通过下列复解反应进行的：

$$CaCO_3+2HCl \rightarrow CaCl_2+H_2CO_3 \rightarrow CO_2\uparrow+H_2O$$

HCl 使石质中的 $CaSiO_3$，$K[AlSi_3O_8]$（长石）也发生复分解反应：

$$CaSiO_3+2HCl \rightarrow CaCl_2+H_2SiO_3 \rightarrow SiO_2+H_2O$$

这些在石质文物表面的复分解反应，使石质文物表面酥粉、脱落、剥蚀。

② 硫化氢有害气体对石质文物腐蚀

大多数石质文物中都含有一些金属元素及其化合物，如石质中若有 Fe^{2+} 的化合物，遇到 H_2S 后就会产生黑色的 FeS，其反应如下：

$$Fe^{2+}+H_2S \rightarrow FeS（Black）+2H^+$$

如果石刻有彩色，H_2S 还会和红色铅丹（Pb_3O_4）和白色铅白（PbO），生成黑色 PbS：

$$Pb_3O_4（Red）+H_2S \rightarrow PbS（Black）+H_2O$$

（四）风的剥蚀作用对古崖居岩石风化的影响

根据北京市延庆县气象局提供的近六年来的气象资料显示，该地区：

1. 平均风速 1.7 m/s

2. 最大风速 22.9 m/s

风的破坏主要是剥蚀作用，刮掉石质文物表面疏松颗粒，使风化作用继续深入。同时，借助风力将雨雾刮到不能直接降落的部位，加强和扩大了雨水的破坏作用。

（五）水（地表水、地下水）对古崖居风化的影响

在潮湿状态下，岩石的力学强度会大大降低，所以说水是加速石质文物风化的重要因素之一。

1. 水的渗透引起石质文物的风化

石质文物在受到水渗透以后，其中的矿物和胶结物充水，产生化学反应，生成一些盐类物质，使岩石软化，从而减弱了石质文物的抗风化能力。

2. 水合作用引起石质文物风化

在溶液中溶质分子和溶剂分子相结合而生成的一种特殊的组成不定的化

合物，叫作溶剂化物。所以对某些溶质来说，溶解不仅是一个物理过程，也是一个化学过程。在一般溶剂中，水分子的极性最强，它常常和一部分溶质分子结合成水合物，生成水合物的过程叫作水合作用。在自然界中，水合作用是指把水结合到矿物晶格中去的作用。水在矿物中常呈 nH_2O 的形式出现。水进入矿物晶格中成为结晶水，形成新的含水矿物。如生石膏转变为熟石膏：

$$CaSO_4 + 2H_2O \rightarrow CaSO_4 \cdot 2H_2O \rightarrow 2CaSO_4 \cdot H_2O$$

这样，矿物由坚硬变成松软，体积显著增大。体积增大时对岩石产生压力，促使其发生破裂。

3. 水解作用引起石质文物风化

水解作用是指水中呈离解状态的 H^+ 和 OH^- 离子与被风化岩石矿物中的离子发生交换的反应。即由水电离而成的 H^+ 与矿物中的碱金属离子（K^+、Na^+）及碱土金属离子（Ca^{2+}、Mg^{2+}）进行置换。自然界广泛存在的硅酸盐矿物，主要就是通过这种形式被破坏的。水解的结果引起矿物的分解，水中的 OH^- 离子和矿物中的金属阳离子一道溶解于水而被带出，部分金属阳离子可被胶体吸附。水解反应是一种放热反应，并且伴随着反应产物的体积增大。

岩石中的长石遇水后形成带 OH^- 的新矿物高岭土：

$$4KAlSi_3O_8（长石）+ 6H_2O \rightarrow Al_4(Si_4O_{10})(OH)_8（高岭土）+ 8SiO_2 + 4KOH$$

此水解反应是不可逆的，其中生成的氢氧化钾和二氧化硅呈液态随水迁移或以颗粒状态流失，而松散的高岭土残留原地，这也是造成石质文物风化的原因。

石质文物的风化原因很多，而且极为复杂，以上仅就其风化的主要原因进行了分析研究。

（六）可溶溶盐对石质文物的影响

可溶溶盐对石质文物的破坏既严重又复杂，既有化学作用的破坏，又有物理作用的破坏。

可溶性盐溶解，浸入石质文物的内部，引起石质文物的崩裂和剥蚀。

盐对石质文物的破坏是仅次于水的第二因素，它对石质文物的破坏力集中表现为：结晶风化、结晶压力、水合压力、吸潮膨胀、升温膨胀所形成的应力。由于盐的作用，使石质文物变得酥松，形成石质文物最主要的风化原因，而盐的存在一是石质文物本身附带的结晶盐，二是后天石质文物成分与空气中的酸性气体结合生成的盐，三是通过石质文物的微细孔、细裂隙经毛细现象进入石质文物内的盐。盐在石质文物内形成结晶后产生很大的压力，也就是结晶压力，结晶压力越大，对石材的破坏力也越大。一些盐也在一定条件下，转化成重新结晶的水合物，进而占据更大的体积，产生额外的压力，即水合压力。可溶性盐的分子式里均有大水分子存在，随着温度的变化，压力相应变化，反复的应力变化，最终将局部岩石变化呈现粉末状、碎硝、鳞片状。盐对石质文物的破坏往往是借助水分、风力同而反复在石质文物表面溶解—析出—再溶解—再析出，最终造成石质文物的破碎。

石质文物中可溶盐的形成：

1.地下水或地表水中的盐份随水分渗入石材内部裂隙，由于毛细作用，水分蒸发，盐性成分沉积在石材缝隙中，再次结晶析出时可产生机械力，将毛细孔撑破而使石质文物受到破坏。

2.石质难溶盐转化为易溶盐，如石质中可溶盐主要成分为芒硝，由石质成分中的钠长石（$Na[AlSi_3O_8]$）与空气中 SO_2 作用转化而来。

$$2Na[AlSi_3O_8]+SO_2+H_2O+O_2 \rightarrow AlSi_2O_5（OH）_4+SiO_2+Na_2SO_4（离子态）$$

石质中可溶盐 $Ca(HCO_3)_2$ 是难溶盐在 CO_2 及 H_2O 的作用下缓慢水解

形成的：

$$CaCO_3+CO_2+H_2O \rightarrow Ca（HCO_3）_2$$

3. 环境水与石质文物一些碱性修补材料产生可溶盐。

$$Na_2O·nSiO_2+CO_2+2nH_2O \rightarrow Na_2CO_3+nSiO_2$$
$$Na_2CO_3+SO_3+10H_2O \rightarrow Na_2SO_4·10H_2O+CO_2\uparrow$$

（七）生物引起石质文物风化

生物风化是指由于生物活动而对岩石造成的破坏。

1. 生物的机械风化作用

植物树根在石刻岩体的裂隙中长粗，对裂隙两壁产生压力，据测算，这种压力可达 1 MPa～118 MPa，最终会导致岩石破裂，称为根劈作用。

2. 生物的化学风化作用

生物的化学风化作用指生物的新陈代谢产生的分泌物和生物死亡后有机体的腐烂分解的产物对石刻岩体的化学破坏作用。植物和细菌在新陈代谢中常常析出有机酸、硝酸、亚硝酸、碳酸和氢氧化铵等溶液，腐蚀石刻岩体并在石刻表面形成淀积物。腐殖质也是一种有机酸，对石刻岩体有腐蚀作用。微生物对岩石的化学风化作用较强烈，它们不停地创造各种酸类物质，其分解能力远远超过全部动植物所具有的化学分解能力，在微生物的参与下可加速石刻岩体的化学风化作用。

（八）人为破坏因素

古崖居为方便游客一般不加装护栏，游客甚至攀爬、踩踏、随意抚摸和涂画。还有一些污染是油漆、水泥等，应该是在以前修缮工程中不小心带上的，这些都对古崖居岩石的外观及结构安全构成危害。

第四节 修缮性质及设计依据

一、修缮性质

本次保护修缮主要为山体防风化保护，局部重点结构加固，目的是排除安全隐患，保持文物建筑的历史风貌的延续，保证文物建筑的历史真实性。

二、设计依据

1.《中华人民共和国文物保护法》（2002年10月修订）。
2.《中华人民共和国文物保护法实施条例》（2003年7月）。
3.《文物保护工程管理办法》（2003年5月）。
4.《北京市实施〈中华人民共和国文物保护法〉办法》（2004年）。
5.《中国文物古迹保护准则》，ICOMOS CHINA，2000年。
6. 现场勘察成果、实测数据及拍摄的现状照片。

第五节 保护原则

1. 保护材料渗入石材中，不与石材发生化学反应，不生成新的物质。
2. 通过保护提高文物机械强度，从而提高文物抗风化性能。
3. 通过防护减少文物风化因素，延长文物自然寿命。
4. 保护之后，保证文物与外界的交流通道仍然畅通。

第六节 保护工程的必要性

延庆古崖居前山景区（一号工点）山体中下部岩石严重的风化、洞内结构裂隙已经构成对这一珍贵遗址的严重威胁，成为延庆古崖居保护开发工作不得不考虑的问题。

第七节　保护工程的可行性

古崖居前山景区（一号工点）山体中下部岩石严重风化部位，进行化学保护。所采用加固材料及施工工艺，均在延庆古崖居后山景区（三号工点）加固工程中，得到了应用，取得了较好的加固效果，经过三年的观察，并没有出现新的病害，证明此材料及方法可行。

洞内危岩体结构支顶，为古建修缮中成熟的紧急防险措施。技术性能可靠，支撑效果明显。

第八节　文物保存现状及修缮主要内容

一、化学保护、局部锚固

古崖居前山景区山体中下部岩石严重风化部位进行化学保护、局部锚固，具体做法如下：

1.施工前须清除植被确保被保护表面清洁、干燥，且未曾使用过其他防护剂；

2.表面清理可采用气体吹扫，对表面风化酥粉层进行清理。

3.表面潮湿后，务必保证在防护前使表面干燥 2 天~3 天。

4.局部岩体因风蚀、雨蚀作用形成许多片状割离的小块，内部有空鼓的现象。采用孔内注浆与小竹锚钉锚固相结合的工艺进行加固，竹钉可按间距 150 mm 布置，竹钉断面尺寸 8 mm～10 mm、长 150 mm～200 mm。竹钉使用前用 CCA 浸泡防腐，晾干备用。

① 在待保护立面，呈梅花状打孔，孔深 200 mm，孔径 10 mm。

② 用高压气体将孔内石屑吹扫干净后，向孔内注射硅酸乙酯加固剂至

孔满，待全部渗透后，再次注射，如此反复，共三遍。

③硅酸乙酯加固剂固化三天后，向孔内灌入天然水硬性石灰复合浆（至孔深二分之一处），马上将竹钉入。入口处用水硬性石灰封口材料进行封堵。

5. 待封口材料固化 3 天后，进行风化立面加固剂保护。为使加固剂更好地渗入岩石内部，施工采用涂刷方式；硅酸乙酯加固剂涂刷三遍，每遍间隔 10 min ~ 15 min。

6. 施工中对于风化严重的部位要多涂刷几遍硅酸乙酯加固剂，以便材料能被充分吸收；根据现场试验，每平米材料用量为 1.5 L ~ 2 L，为保证工程质量；每平米不得少于此用量；风化严重的部位可用到 2 L，稍好一点的部位可用到 1.5 L。

7. 施工中要求避免文物表面掉落毛刷羊毛，过饱和的积液立刻用吸水纸处理掉，避免积液干燥后在文物表面成膜，造成眩光、泛白等影响文物外观

图 5-2　窟内临时支顶

的不利因素。

8. 地面潮湿，有露水，不干燥，或遇雨季等不利天气，气温低于10℃，或遇天气寒冷，不能施工。

9. 工程施工中应穿戴好防护用品，工具用完后，要用溶剂清洗干净。

10. 加固剂室温下保存，原包装储存，每次使用后将盖口密封；

11. 产品储存和运输时应防止暴晒和雨淋，隔绝火源，远离热源，按易燃物品储运。

二、前山景区（一号工点）个别窟内危岩体结构支顶

经过现场勘察，发现个别洞内顶部存在大裂缝，有发生滚石的危险，为防止险情发生，特采取搭脚手架支顶的方法，作为紧急防险措施。

第六章　加固材料现场应用研究

第一节　现场加固实验加固的效果

一、现场加固实验回弹强度

为了考察加固后的效果，采用回弹仪对现场试验进行了回弹强度测试。

图 6-1　现场回弹强度测试

表 6-1　4 种加固材料现场回弹强度测试结果比较

样品	回弹仪测定值（平均值）
硅酸乙酯	16
有机硅	15.7
硅丙	17.3
丙稀酸	17.3
空白（未加固）	11.6

二、加固现场实验渗透深度

古崖居石样的风化程度非常严重，孔隙率很高，内部裂缝和微孔很多，在四块宽 20 cm，高 40 cm 的石样上各自滴加 200 mL 4 种加固材料时，未能滴完，加固材料就从底部渗透出来，用时大约 5 分钟。

现场垂直面渗透深度测试方法为：

在山体上选择一个垂直地面的表面，用喷壶将加固材料喷到石头 20 cm×20 cm 的表面，如出现流动，即停止喷射，待液体吸入后，再次喷涂，共喷涂三遍。三周后，钻孔测试渗透深度。在现场垂直面进行的渗透深度实验中，分别使用了有机硅，有机硅改性丙烯酸酯，丙稀酸（乳液），硅酸乙酯处理石样。

表 6-2　4 种加固材料对古崖居垂直面渗透后的深度

	渗透深度平均值（mm）
硅酸乙酯	22.0
有机硅	20.5
硅丙	4.0
丙稀酸	3.5

现场实验表明，有机硅，硅酸乙酯具有较好的渗透深度，通过打孔及用

第六章 加固材料现场应用研究

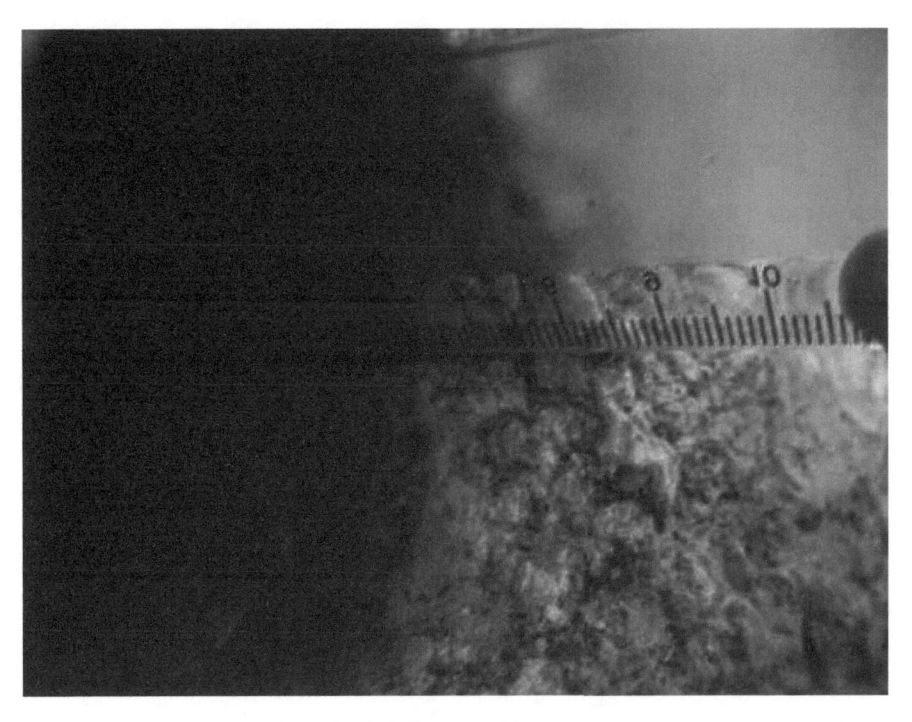

图 6-2. 有机硅现场渗透深度实验

图 6-3 硅酸乙酯现场渗透深度实验

水泼湿检验，渗透深度为 20 mm 以上。有机硅改性丙烯酸酯，丙稀酸（乳液）的渗透深度都小于 5 mm，结成很硬的壳。

第二节　加固材料现场施工

在筛选出性能较好的加固材料基础上，在古崖居现场做了 1000 m² 的防风化加固工程，喷涂硅酸乙酯加固剂三遍，取得了较好的加固效果。

古崖居加固材料施工技术规程和要求：

1. 施工前，须清除植被，确保被保护表面清洁、干燥，且未曾使用过其他防护剂。

2. 表面清理可采用气体吹扫或控压水清理。

图 6-4　现场保护施工照片（1）

图 6-5　现场保护施工照片（2）

3. 表面潮湿的，务必保证在防护前使表面干燥 2 天~3 天。

4. 采用喷涂方式施工；喷涂三遍，每遍间隔 10 分钟~15 分钟。

5. 施工中对于风化严重的部位要多喷涂几遍，以便材料能被充分吸收；根据现场试验，每平米材料用量为 1.5 L~2 L。

6. 地面潮湿有露水不干燥或遇雨季等不利天气，气温低于 10℃，或遇天气寒冷，不能施工。

第三节　加固施工效果评估

一、施工后回弹强度测试

为了考察现场加固质量，对加固过的地方进行了回弹强度测试。

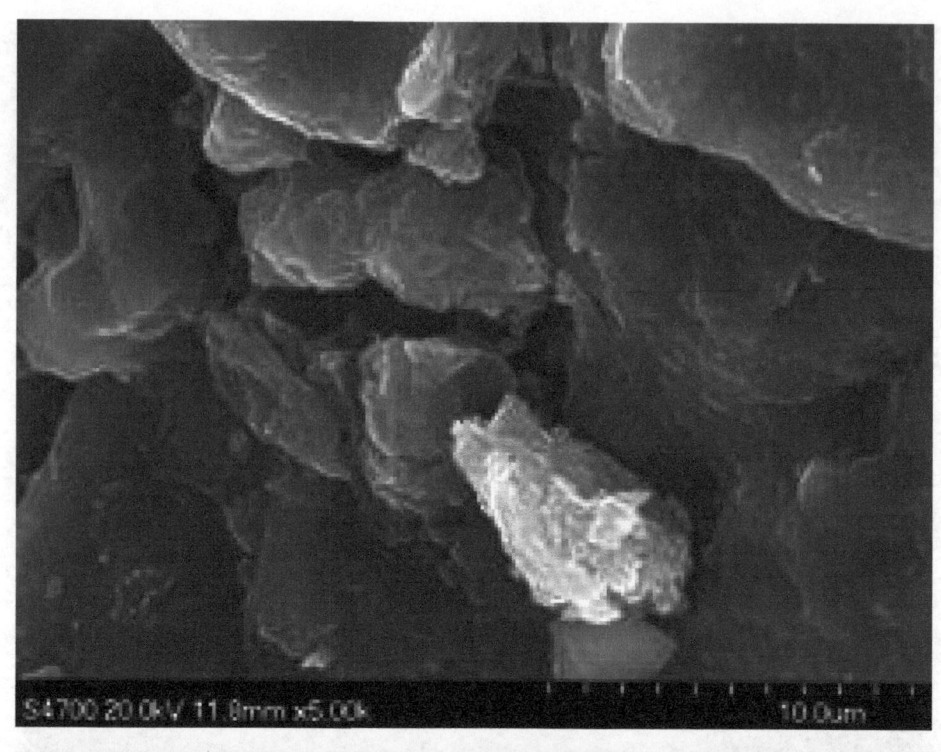

图 6-6 未加固（上）及加固后（下）样品 SEM 照片对比

表 6-3　现场加固后回弹强度测试结果

回弹仪测定值（平均值）	位置一（南中）	位置二（底部 2 米以下位置）	位置三（中部酥粉严重位置）	位置四（顶部酥粉严重位置）
空白	11.6	12.3	0	6.6
加固后	16.0	17.3	10.6	14.3

加固后，岩体强度均有较大提高，平均回弹强度从 9.1 提高到 15.2（舍弃最大值和最小值），符合设计要求，达到了预期的施工效果。

二、施工后石材 SEM 分析

从古崖居加固后样块 SEM 照片可见，用硅酸乙酯加固后岩石原有的缝隙基本被填满，颗粒棱角明显，颗粒半径也较大，呈片层状结构。这种结构的变化是强度和抗风化能力增强的原因。

第七章 结论

1. 对古崖居遗址进行现场勘察，找出了主要病害类型为裂隙发育、雨蚀、风蚀、风化；风化岩石及相同类型的未风化沙砾岩抗压强度分别为 1.76 MPa、152.43 MPa，抗折强度分别为 0.08 MPa、9.04 MPa，风化严重。

2. 通过对热老化、光老化、耐冻融、耐酸、耐盐五项老化机理模拟试验，得出冻融破坏是自然条件下导致岩石老化的最主要原因，经过 50 周期的冻融后，抗压强度下降到 79.8 MPa，抗折强度下降到 5.79 MPa。

3. 通过对加固材料性能和加固效果等多因素的综合对比，比较出硅酸乙酯 BYG1001 在附着力、冲击强度、色差变化、透气性、渗透深度、耐光老化、耐热老化、耐冻融、耐酸、耐盐等性能均高于其他对比加固材料。

4. 使用硅酸乙酯加固剂对古崖居现场风化的岩石进行了保护，施工性能良好，渗透深度 22 mm。加固后，岩石原有细小缝隙基本被填满，平均回弹强度从 9.1 MPa 提高到 15.2 MPa，达到了预期的保护效果。

参考文献

[1] 黄克忠. 云岗石窟砂岩石雕的风化问题. 水文地质工程质[M], 1984, (3):32-35.

[2] 曲永新, 黄克忠, 徐晓岚, 等. 大同云岗石窟石雕表面和表层的粉状物及其在石雕风化中的作用研究[C]// 中国地质学会专业委员会. 全国第三次工程地质大会论文集. 成都：成都科技大学出版社，1988.241-246.

[3] 潘别桐, 曹美华. 龙门石窟边坡岩体动力稳定性离散元分析[C]// 中国地质学会工程地质专业委员会. 全国第三次工程地质大会论文集. 成都：成都科技大学出版社，1988:536-543.

[4] 宋迪生等. 文物与化学[M]. 成都：四川教育出版社，1992:180-193, 226-235.

[5] 牟会宠, 杨志法. 文物保护中石窟寺的稳定性分析与评价[C]// 中国地质学会工程地质专业委员会. 第四届全国工程地质大会论文选集. 北京：海洋出版社，1992:1154-1167.

[6] 潘别桐, 黄克忠. 文物保护与环境地质[M]. 武汉：中国地质大学（武汉）出版社，1992.

[7] 牟会宠, 曲永新. 中国石质文物保护的环境工程地质问题[M]// 王思敬, 易善锋. 90年代的地质科学. 北京：海洋出版社，1992:276-280.

[8] Amold, L., Honeyborne, D.B., Price, C.A..Conserve natural Stone, Chem Ind, 1976,4:345-347.

［9］Price, C.A..Stone decay and preservation, Chen Britain, 1975,9:350-353.

［10］Warnes, A.R..Building stones: their properties, decay, and preservation, London: Ernest-Benn, 1926.

［11］Laurie, A.P., Ranken, C..The preservation of decaying stone.Soc Chem Ind, 1978,37:137-147.

［12］Marsh P. Breathing new life into statues of wells [J]. New Scientist, 1977,76 :754.

［13］Larson, J.H, Madden C, Sutherland I. The preservation of an important collection of classical sculpture [J]. J Cult Herit, 2000,(1):s79-87.

［14］Garrido, J.M..Theportal of the monastery of santa maria de Ripoll. Monumentum, 1967,1:79-98.

［15］Scott, G.G..Process as applied to rapidly-decayed stone in Westminster abbey.London: Builer, 1981,19:105.

［16］Lehmann, J..Damage by accumulation of soluble salts in stonework. New York: Plenum, 1979,35-46.

［17］周宗华．用于文物保护和高分子材料．高分子通报［J］．1991,(1):41-43.

［18］栾晓霞，许淳淳，王紫色．改性水性环氧树脂乳液对石质文物的保护效果［J］，腐蚀与防护，2008,29(8):451-453.

［19］Munnikendam, P.A.Acrylic monomer systems for stone imprengnation. Berlin: Emst und sohn, 1987.15-18.

［20］王镛先，唐华东．硅聚合物涂料的合成［J］．精细化工，1997,14(1):43-45.

［21］Weber, H.Stone renovation and consolidation using silicones and silicic esters. 1995,375-385.

［22］黄克忠．中国石窟保护方法述评［J］．文物保护与考古科学，

1997,(1):48-54.

[23] Bhargav J S, Mishra R C, Das C R. Sustainable environmental protection of stone. monuments of Bhubaneswar [J]. Indian J Envir Prot 2001, 21(5):420-424.

[24] 彭程，邱建辉，赵强. 硅丙乳液共聚涂料对石质文物保护的应用研究 [J], 上海涂料, 2006,44(11):12-15.

[25] Linsebiger A L, Lu Gangquan, Yates J T. Photo—catalysis onSiO$_2$ surface：principles, mechanism and selected results [J]. Chem Rev, 1995,95(3):735- 758.

[26] 许淳淳，何宗虎，李伟，等. 添加 TiO2、SiO2 纳米粉体对石质文物防护剂改性的研究 [J]. 腐蚀科学与防护技术，2003,15(6):320-323.

[27] Zhang Bin-jian, Yin Hai-yan, et al. A bioinorganic material The crude caoxalate bioinorganic conservation film on historicstone [J]. J Inorg Mater, 2001,16(4):750-756.

[28] Li Huo-ming, Zhang Bing-jian, Liu Qiang. A potential protect material in stone conservation: biomimetic inorganic material [J]. Sciences of Conservation and Archaeology, 2005,17(1):59-64.

[29] Arocena J M, Hall K. Calcium phosphate coatings on t he Ya-lour Islands, Antarctica: formation and geomorphic implica-tions [J]. Arctic Antarctic and Alpine Res, 2003,35(2):233-241.

[30] Garty J, Kunin P, Delarea J, et al. Calciumoxalate and sul-phate containing st ructures on t he t hallial surface of t he lichenRamalina lacera: response to polluted air and simulated acidrain [J]. Plant Cell Environ, 2002, 25(12):1591-1604.

[31] 马豫峰，蔡继业，杨培慧，等. 高分子基质作用下草酸钙的仿生合成 [J]. 高分子材料科学与工程，2004,20(4):195-198.

[32] 张国军，李最雄. 莫高窟北区崖体病害 [J]. 敦煌研究，2005.4.

［33］《岩土工程手册》编写委员会. 岩土工程手册［M］. 北京：中国建筑工业出版社，1994:43-45.

［34］Domenieo Calcaterra, Piergiulio Cappelletti, Alessio Langella, et al, The omamental stones of Caserta province: the Carnpanian Ignimbrite in the medieval architeeture of Casertavecchia, Journal of Cultural Heritage 5(2004)137-148.

［35］Penelope Walker, Eva Crane, Stone structures used in France for protecing traditional bee hives, Journal of Cultural Heritage 5(2004)245-255.

［36］Maurizio de'Gennaroa, Domenico Calcaterrab, Piergiulio Cappellettia, et al, Building stone and related weathering in the ar-chitecture of the aneient city of Naples, Journal of Cultural Heritage l(2000)399-414.

［37］张秉坚，陈劲松. 石材的腐蚀机理和破坏因素［J］. 石材，1999:(11):14-17.

［38］Petr Kotlik, ImPregnation under low Pressure [J]. Studies in conservation, 1998,43(l):42-48.

［39］侯建华，胡云林. 石材清洗、防护、粘接与深加工［M］. 北京：化学工业出版社，2006:432-467.

附录一：北京古崖居地质调查报告

一、前言

北京市古崖居洞穴石窟遗址为北京市文物保护单位及北京市青少年教育基地，位于延庆县张山营乡北部燕山山脉的一北北东方向狭窄的"V"形山谷中，距国道110线K96+400约3000 m，其南为延庆断陷盆地，盆地东西长约40 km，南北宽约16 km，盆地地势平坦，海拔高度在480 m～600 m之间，呈四周高、中间低的形态，官厅水库居其西端。

2005年春拟对古崖居崖面上的裂缝进行勾缝处理，施工中发现古崖居所在岩体裂隙发育，崖顶出现贯通张开的裂缝，已严重危及岩体的稳定。1990年，北面崖壁曾产生局部坍塌，造成部分文物损坏。为查明古崖居岩体病害的范围、性质，并且为施工提供可靠的地质依据，确保岩体的长期稳定，中铁西北科学研究院应北京市文物建筑保护设计所之邀，于2005年4月19日派马惠民副院长、王恭先研究员、王桢研究员、刘振明高级工程师、李芙林高级工程师对古崖居进行了现场调查，4月26日在古崖居对1#点的方案设计进行了汇报，经专家评议决定采用中铁西北科学研究院所作的加固方案，随后中铁西北科学研究院进行了施工图设计并吸收了另外两家方案设计中的优点。5月8日，中铁西北科学研究院向北京市文物局领导对1#点的施工图设计进行了简要汇报，根据领导指示，对古崖居的北区危岩体、石线壁危岩体及南区危岩体一并勘察并汇总作施工图设计。5月12日，中铁西北科学研究院设计人员进入古崖居现场进行初步踏勘、调查，6月2日，中铁西北科学研究院向北京市文物局及延庆县文化委员会汇报了施工图方案设计，根据会议纪要，中铁西北科学研究院勘察人员于6月3日进驻现场，开展工作。本次勘察主要包括地质调查、调绘、工程测量、力学地质分析，共完成：

1. 地质调查：2平方千米；

2. 地质调绘：0.12平方千米；

3. 平面图测量0.16平方千米（1∶1000）；

4. 断面图测量：2千米；

5. 力学地质分析：20处；

提交以下资料：

1.《北京古崖居洞穴边坡病害工程地质调查报告》一份；

2.《北京古崖居洞穴边坡病害工程地质断面图（1∶200）》6张；

二、概况

古崖居洞穴石窟群开凿于花岗岩岩体上，主要由北石窟区（古崖居）、南石窟区、石线壁石窟区、奚王府、朝阳洞等10余处石窟（区）组成。北石窟区（古崖居）、南石窟区、奚王府均为坐东朝西，石线壁石窟区坐南朝北。目前变形严重的为1号点（南石窟区）、2号点（北石窟区）、3号点（石线壁石窟区）。

三、地质条件

（一）地形地貌

按地貌成因分类，古崖居风景区为侵蚀构造山地，按地貌形态分类为中山。

古崖居所在山地从地质历史上看是燕山运动中形成。北部山地在外形上呈断块状，少有绵长的连脉，而且有大小的山间盆地，山麓线平直，山地与平原的分界线明显而规则，由于各断块在抬升量方面略有差异，山地的剥蚀面也有起伏变化。

燕山运动中古崖居所在的北部山上升为剥蚀区，经过漫长的自然营力作用，花岗岩山体发育为比较浑圆的形态，断裂比较发育。山地走向以东西向为主，构造上表现的是若干宽阔的背向斜、穹窿构造和两组近于直交的断层：一组北东—南西走向，另一组北西—南东走向。在外形上呈断块状，少有绵长的连脉，而且有大小的山间盆地，山麓线平直，山地与平原的分界线明显而规则，由于各断块在抬升量方面略有差异，各地山地的剥蚀面也有起伏变化。

不同性质的岩石，在外营力的作用下，常常表现为不同的形态。如质地坚硬的元古界长城系石英岩，在差别侵蚀的作用下，常凸出于周围地面之上，特别是岩层具有较大倾角时，往往成墙垣状特殊地貌。

（二）地层岩性

古崖居所在山体主要为太古届花岗岩，其次为燕山运动时侵入的辉绿岩岩墙（脉）。

1. 粗粒花岗岩：粉红色，强风化~全风化，锤击易碎，由长石、云母、石英组成，眼球构造。长石呈灰白色，块状，粒径 4 mm~6 mm，含量 50%，易碎；云母呈黑色，片状，含量 35%；石英为半透明色，油脂光泽，含量 15%。

2. 辉绿岩：浅灰、灰绿、赫红色，中风化~强风化，脉状构造，产状为近南北向，直立，宽的 0.5 mm~1.2 mm，岩墙间距 5.0 mm~12 m，节理裂隙发育。

（三）构造

古崖居的大地构造处于华北台中部—燕山沉降带的西段。在漫长的地质历史中既经历过大幅度的下降、接受巨厚的沉积，又产生过剧烈的造山运动。特别是在中生代以燕山运动为主的构造变动，奠定了北京地区地质构造的基础骨架以及地貌发育的雏形。

伴随着中生代燕山运动的发展，褶皱变动与断裂变动广泛发育，岩浆活动也很频繁，特别是酸性深层侵入岩体和中性喷出岩体的分布最广。之后，再加上新生代自第三纪以来的新构造运动的影响，使古崖居的地质发展历史和地貌类型更加复杂。

古崖居所处山地位于燕山沉降带范围之内——延庆—昌平活动断裂区。岩体的侵入受区域断裂方向控制，说明中生代地壳运动剧烈。当时，地壳产生复杂褶皱、断裂变动及大规模岩浆侵入活动，并伴有大幅度抬升运动。

北北东向（即新华夏系方向，这里也包括北东向）断裂构造为本区最为发育的一组断裂构造，规模大，影响深远，分布广。

（四）地震

本市地处燕山地震带与华北平原中部地震带的交汇处，又紧邻汾渭地震带和郯庐深大断裂地震带，是个多震区，历史上曾遭受过多次强烈地震的破坏和影响，其中以1679年马坊地震和1730年西郊地震的影响最大。

根据《建筑抗震设计规范》（GB50011-2001），本地区抗震设防烈度为8度，设计基本地震加速度值为0.20g，地震基本烈度值Ⅷ度。

（五）水文

古崖居地表水系均属海河流域，北部山地的河流沿两组近于直交的断层——一组北东—南西走向，另一组北西—南东走向两组断层发育的现象。如妫河、潮河、潮白河干流都取北东—南西流向，而怀河、汤河则是北西—南东流向，这些河流都显著受构造线的控制。

（六）气候

北京在全国气候区划中属暖温带半湿润季风大陆性气候区。但境内地貌复杂，山地高峰与平原之间相对高差悬殊，从而引起明显的气候垂直地带性。大体以海拔700 m～800 m为界，此界以下到平原，为暖温带半湿润季风气候；此界以上中山区为温带半湿润—半干旱季风气候；在海拔1600 m

以上为寒温带半湿润—湿润季风气候。主要特点是四季分明。年平均降水量为592 mm，最多降雨量为970 mm（1977年及1994年），一日最大降雨强度大于200 mm，2004年降雨量为678 mm，高于年平均降雨量。降雨大都集中在6月~8月，暴雨最早出现于4月上旬，最晚结束在10月下旬。

四、变形模式及原因

（一）变形模式

根据古崖居石窟所处山体的地质特征，目前各个危岩体变形已崩塌型滑坡为主，但各个工点的变形各有差异。

1号点危岩体即南石窟区：崩塌型岩石滑坡，向西临空面变形。主要受近南北向岩墙控制变形范围。受应力集中剪出分析，岩体将多从石窟密集的石窟下部最终变形，剪出面倾角约26°，剪出位置因石窟所处的高程各异。该石窟中部为东西向断层，宽约15 m，受断层影响1号危岩体可分为三个区域。

2号点危岩体即北石窟区（古崖居）：崩塌型岩石滑坡，向西临空面变形。主要受近南北向岩墙控制变形范围。该石窟山体为典型的眼球构造，并且受三道南北向断层（岩墙沿断层侵入）控制，山体切割为四条，受应力集中剪出分析，岩体将多从石窟密集的石窟下部最终变形，剪出面倾角约26°，剪出位置因石窟所处的高程各异。

3号点危岩体（石线壁石窟区）：楔型体岩石滑坡，向北、西临空面变形，受北西向岩脉和近东西向断层控制变形范围。目前沿NW40°/SW∠60°岩脉滑动变形。

（二）原因分析：

古崖居危岩体变形主要有以下几方面原因：

1.岩体强度低：由于岩层形成时间早、多次受构造作用，导致岩层为强风化状，岩层强度低是变形的物质基础，也是根本原因。

2. 石窟开凿：多达十几层的石窟开凿，导致岩体多处支撑强度下降。

3. 自然营力：降雨、地震等自然营力导致岩体变形加速。地震使得岩体中节理裂隙张开，随后降雨沿着张开的节理裂隙、裂缝等下渗至岩体中部，导致岩体侧向支撑力下降，从而变形破坏。

五、结论及建议

根据地质调查所获得的地层、岩性、断层、构造、变形特征，可以得出以下结论：

1. 古崖居石窟在 2005 年前已经发生过多次崩塌，目前石窟为残余体。

2. 古崖居岩体变形受断层（岩墙）控制变形范围，变形以崩塌型滑坡为主。

3. 古崖居岩体变形原因为自然营力，如降雨、地震、风化等。

4. 如果不及时实施加固工程，古崖居石窟可能将随着岩体不断坍塌而不复存在。

5. 古崖居岩体加固工程应该贯彻"一次根治，不留后患"的原则，避免重复，从而造成不可挽回的损失。

附录二：北京延庆县古崖居遗址危岩体加固

一、前言

古崖居遗址是北京市重点文物保护单位，位于延庆县城西北 25 千米的一条幽静狭窄的"V"形山谷中，沟口南侧不远处为碧波荡漾的官厅水库及其周边的广袤平原。洞窟开凿于陡峭的粗粒花岗岩绝壁上。景区内有洞穴遗址 3 处，共有洞穴 174 个，洞内面积从 20 余平方米到 3 平方米不等，内置火炕、烟囱及生活生产设施，也有集会的场所及马厩。经有关专家初步鉴定为古人类居住遗址。但因没有其他相关的文物资料和任何文字记载，目前对其具体用途和历史年代还无法断定，故称之为"千古之谜"。

古崖居由于多年的风雪侵蚀，岩体松散，有多处坍塌。近几年又有开裂、脱落的险情发生。2005 年春，拟对古崖居岩体的裂缝进行勾缝处理，防止地表水下渗。当脚手架搭至崖顶时，发现其岩体裂隙发育，崖顶出现贯通张开的裂缝，已严重危及岩体的稳定。考虑到 1990 年崖壁北面曾产生局部坍塌，造成部分文物的损坏，显然仅"勾缝"远不足以保持岩体的稳定。中铁西北科学研究院应北京市文物建筑保护设计所之邀，于 2005 年 4 月 19 日派有关专家对古崖居进行了调查，提出了加固治理方案，经专家多次论证完善并付诸实施，取得了令人满意的效果。现对古崖居岩体的工程地质特点及拟采取的加固方案等简述如下。

二、古崖居岩体的工程地质特点

（一）古崖居1号遗址点

古崖居1#遗址位于山谷的东坡，古崖居的山顶浑圆平缓，且比较狭窄。古崖居处从山顶到谷底高差不足百米，约以其中部为界，崖面上陡下缓，下半部边坡坡度为40°~50°，其上有一近东西向的小沟，由谷底延伸至谷坡中部；谷坡上半部为近直立的陡崖，陡崖上开凿有大小不等的方形或长方形石窟。

此处的山体主要由花岗岩组成，花岗岩以浅灰绿色为主，亦可见浅粉红色，粗粒结构，块状构造。花岗岩风化严重，其成分以石英、长石为主，另可见少量云母。花岗岩体中有少量细小的伟晶岩脉。在花岗岩岩体中有三条近南北向的辉绿岩岩墙，其中最西面的一条穿过石窟后缘厚约1.5m，呈直立状。此辉绿岩岩墙将花岗岩岩体分割开，使侧向临空的一条长40m、厚1.5m~3.5m的花岗岩成为危岩体。

花岗岩中的构造节理虽然并不十分发育，仅在坡脚和近石窟顶部看到少量共轭的"X"形节理，但均对洞窟造成危害。

在谷坡上部，"X"节理中的一组倾向临空方向，亦即倾向西的一组节理比较发育，倾角约55°，对岩体稳定构成极大威胁。近山顶处，有一个节理面长大而贯通，主要在风化作用影响下，已沿节理面形成宽5cm~10cm的裂缝，手可自由伸入。岩柱已被该组节理截为三段，且有少许位移，近乎摇摇欲坠，此块岩体重量巨大，岩体上洞室较多，一旦崩塌，损失不可估量，急需加固。

上述辉绿岩岩墙虽然石质坚硬，风化比较轻微，但节理裂隙十分发育，岩墙多被切割成20cm~30cm大小的岩块，表水或裂隙水容易渗流岩墙，在雨季和冬季产生瞬时静水压力和冰劈作用。在山顶，辉绿岩岩墙表现为"鳍"状。另可见倾向临空面的缓倾角裂面。

（二）古崖居 2 号遗址点

该遗址位于 1 号遗址下部的自然冲沟南侧崖壁上，岩壁近东西向，崖壁近于垂直。崖体仍由花岗岩组成，花岗岩岩体中未见辉绿岩岩墙，但中间夹有石英脉，节理裂隙比较发育，有"X"形节理，表面剥裂成层状，水易灌入。在坡体内有一走向 NE30°、倾角 60° 的上下贯通裂面，对岩体稳定极为不利。

（三）古崖居 3 号遗址点

该遗址位于后山，其顶部有 2 个裂隙带，裂隙宽 2 cm～5 cm，第一裂隙距崖面约 2.0 m，第二裂隙距崖面约 4.0 m，上部长满青草，表明容易进水，随着时间的延续，风化剥蚀、冰胀劈裂及植物根系劈裂作用的加强，亦会产生崩塌病害。

三、病害产生原因

由于崖壁过高过陡，岩体中有发育的卸荷裂隙，卸荷裂隙均以直立状平行临空面分布，密集处其间距仅 30 cm 左右。辉绿岩岩墙与花岗岩接触面上可见张开的裂隙。此种卸荷裂隙不仅破坏了岩体的完整性，且为地表水的灌入提供了良好通道，加速了岩体的风化，冬季结冰冻胀还能产生冰劈作用，对岩体的稳定有很大危害。

受直立的卸荷裂隙和倾向临空面的那组节理面的切割，便形成了或大或小的具有向临空方向滑移或在地震力作用下崩塌倾覆的危岩体（倾向山体的那组节理面虽不大发育，其对岩体完整性和稳定性的影响也不容忽视），对极其珍贵的古崖居文物构成致命威胁。

四、危岩体加固的必要性

古崖居大部分石窟位于危岩体上，危岩体一旦产生崩塌，将对古崖居造成毁灭性的破坏，20世纪90年代，古崖居北面曾产生局部坍塌，已经使部分洞窟破坏，造成不可弥补的损失。要保护古崖居，必须先加固危岩体，加固危岩体是保护古崖居的先决条件。

包括靠近临空面的第一道辉绿岩岩墙在内，急需加固的危岩体的厚度为3m~6m。

山顶部位虽然面积不大，且向北、东、南三面倾斜，没有汇水条件，但鉴于辉绿岩岩墙的裂隙极其发育，为避免降水沿裂隙向下渗透，采取适当防渗措施是极其必要的。

若遇持续降雨或地震，随着雨水的下灌或地震振动，危岩体随时都有崩塌的可能，必须及时加固并做防渗水措施，在我院技术人员赴现场踏勘和地面调研的基础上，结合我院以往加固甘肃敦煌榆林窟、炳灵寺石窟、北石窟寺及山东蓬莱阁等类似危岩体病害的经验，提出本方案。

五、危岩体加固设计和计算

（一）锚索及锚杆受力计算

1. 号遗址点危岩体重量计算

在古崖居1号点选取了两个断面（实测），在断面上危岩体的面积分别为：

$$S_1=32.76m^2, \quad S_2=27.67m^2$$

单位宽度下危岩体的重量 $W_{单}$ =（1/2）×（S1+S2）×1.0×25kN/m³=756 kN/m³

整个危岩体总重量 $W_{总}$ =756×45.0 m=34000 kN

2. 根据目前稳定状态，反算危岩体滑面C、Φ值。（按最大断面计算）

K=（w×cos55°×tgΦ+CL）/（w×sin55°）=0.98（因滑面已贯通，C≈0）

tgΦ=0.98×tg55°　　Φ=tg⁻¹1.3996=54.40°

3. 计算危岩体下滑力（安全系数 F1s=1.15）

$$F1=F1s \times w \times \sin55° - w \times \cos55° \times tg54.4° - CL$$
$$=1.15 \times 756\sin55° - 756 \times \cos55° \times tg54.4° - 0 = 106.3 \text{ kN/m}$$

4. 锚索布置及受力计算

锚索倾角 a=20°，水平间距 3.0 m，假定锚拉力为 P。

在滑动方向计算力的平衡：

$$P \times \cos75° = 106.3 \times 3.0 \quad P=1232 \text{ kN}$$

每孔锚索采用 3 根 1860 级钢绞线，每根钢绞线极限拉力 260 kN，按有关规范，永久性锚索安全系数取 1.7~2.2，每根采用 110 kN，三根共计设计拉力 330 kNn=P/330= 1232/330=3.73（排），故设置 4 排锚索即可。

（二）工程措施及布置

1. 号遗址点

① 对崖壁上的危岩体，采用预应力锚索及锚杆加固。以谷坡中部为界，在谷坡上半部直立的陡崖处，在不损坏洞窟的原则下按 3 m×3 m 梅花形布置约 40 根预应力锚索，总延米约 480 m。锚索孔倾角为 20°，孔径为 110 mm。每束锚索采用由 3 根 Φs15.24 高强度（1860 级）、低松弛钢绞线组成，将危岩体锚固于稳定岩层中。在危岩体与稳定岩体之间的裂面处，锚索束外套 3 m 长 φ60 mm 抗剪厚壁钢管，增加其抗剪功能。锚索长度暂定 12 m，锚固段长 7 m。实际施工时，应做好钻孔记录，确保锚索进入稳定岩体不少于 7 m，锚索设计拉力 300 kN。锚索外部反力构件采用尺寸为

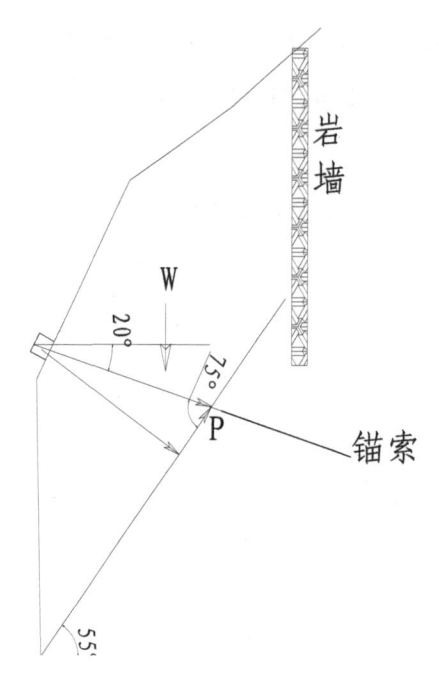

图 1：危岩体计算简图

0.3 m×0.3 m、厚 20 mm 的钢垫板，与锚头一起嵌入坡面内，待锚索张拉锁定后进行复旧处理，使坡面恢复原状。

② 对较薄的危岩体及部分与洞窟稳定有关的崖壁，采用锚杆预加固。在坡度 40°~50° 的下半部谷坡，同样在不损坏洞窟的原则下按 2.5 m×2.5 m 梅花形布置 35 个普通锚杆，总延米约 315 m。锚杆孔倾角为 20°，孔径为 110 mm，锚杆由 Φ25 二级钢筋制成，穿越裂面时，锚杆外套 3m 长 φ60 mm 抗剪厚壁钢管，锚杆长度暂定 9 m，实际施工时可根据钻进情况调整锚杆长度。锚杆外部反力构件采用尺寸为 0.25 m×0.25 m、厚 20 mm 的钢垫板，与锚头一起嵌入坡面内，进行复旧处理，使坡面恢复原状。

③ 对局部破坏严重的石柱、洞窟进行补强加固。为加强洞窟的稳定，对已破损石柱进行补强加固处理，石柱内部裂缝灌注高强黏结剂、外部加套钢筋混凝土围箍，围箍表面进行复旧处理，恢复石柱天然风貌。

④ 对崖顶裂隙及破碎的辉绿岩采取防水堵漏处理。为增加坡体的整体稳定及有效地防止地表水下渗，对崖顶裂隙及破碎的辉绿岩裂缝进行灌浆或封

闭处理。

2. 号遗址点

① 考虑到岩体的整体稳定，对岩体中下部采用锚杆加固。原则上按梅花形布置约20根锚杆，总延米约180 m。锚杆孔倾角为20°，孔径为110 mm。锚杆长度暂定9 m。实际施工时，应做好钻孔记录，确保锚杆进入稳定岩体中。

② 对临空面危岩体，采用锚杆加固。在不损坏洞窟的原则下按2.5 m×2.5 m梅花形布置84个普通锚杆，总延米约756 m。锚杆孔倾角为20°，孔径为110 mm，锚杆由Φ25二级钢筋制成，穿越裂面时，锚杆外套3 m长φ60 mm抗剪厚壁钢管，锚杆长度暂定9 m，实际施工时可根据钻进情况调整锚杆长度。锚杆外部反力构件采用尺寸为0.25 m×0.25 m、厚25 mm的钢垫板，与锚头一起嵌入坡面内，进行复旧处理，使坡面恢复原状。

3. 号遗址点

① 对临空面危岩体，采用锚杆加固。在不损坏洞窟的原则下按2.5 m×2.5 m梅花形布置108个普通锚杆，总延米约972 m。锚杆孔倾角为20°，孔径为110 mm，锚杆由Φ25二级钢筋制成，穿越裂面时，锚杆外套3 m长φ60 mm抗剪厚壁钢管，锚杆长度暂定9 m，实际施工时可根据钻进情况调整锚杆长度。锚杆外部反力构件采用尺寸为0.25 m×0.25 m、厚25 mm的钢垫板，与锚头一起嵌入坡面内，进行复旧处理，使坡面恢复原状。

② 对坡面左下部的独立岩墙，为防止岩墙坍塌，采用水平双面锚头对拉锚杆加固。锚杆位置按现场实际情况布设。锚杆孔倾角为0°，孔径为110 mm，锚杆由Φ25二级钢筋制成，实际施工时根据锚杆位置的岩墙厚度确定锚杆长度。锚杆外部反力构件采用尺寸为0.25 m×0.25 m、厚20 mm的钢垫板，与锚头一起嵌入坡面内双面固定，锚头位置进行复旧处理，使坡面恢复原状。

六、关键工序施工的经验与体会

通过对每块岩体仔细观察，根据它们之间的镶嵌关系，分析受力特点，找出关键部位关键岩体。对极不稳定的岩体首先进行保护，下部利用脚手架多进行支撑顶护，上部利用钢丝绳捆绑缆拉防护。施钻时小心翼翼减少冲击和振动，在变形严重的部位安装一定数量的百分表或千分表，并设专人进行变形观察，依靠监测的信息指导施工。钻孔的布置讲究先后次序，先从不危险的地方开始，再向危险的地方逼进，先两边后中间，采用跳孔换位方式，尽量避免在一个地方连续施钻。简言之就是："下顶上拉多保护，谨小慎微少震动，钻孔监测两并举，循序渐进后包围。"

（一）关于施工顺序

危岩体加固及裂隙注浆施工顺序十分重要，根据我们多年从事文物加固工程的经验，对危岩体加固应遵循以下施工程序：搭设脚手架→固定钻机→钻孔→清孔→锚索制安→锚索孔注浆→张拉锁定→复旧处理→临空面裂隙堵缝→裂隙注浆→顶部封闭→复旧处理→拆除脚手架。

（二）搭设脚手架

由于作业面陡峭且钻进时钻机向外有较大的反力，脚手架搭设十分关键，稍有不慎，就会架倒人亡。为增强基础稳定性，我们预制砼垫块做基础，每搭设一定高度（10m左右）在岩壁上打短锚杆进行锚拉，有时与下部已经注浆的锚索扣接牢靠，防止脚手架失稳破坏。

（三）钻孔

锚索、锚杆成孔采用旋转钻进与冲击钻进相结合的施钻工艺，即在危岩体中采用旋转钻进，避免振动。穿过危岩体后，在稳定岩体中采用冲击钻进，并采用高频轻震的施工方法，严禁开水钻进，以确保钻孔施工不恶化周围岩体的地质条件。此外，吹碴时掌握好风压，不能过大过猛。为保证钻孔顺直，钻进时安装了定位导向装置。

（四）锚索及锚杆注浆

采用由里向外反向压浆工艺，确保浆液饱满。注浆时严格控制注浆压力，对危险的岩块采用小压力缓慢注浆，防止注浆过快或压力过大，劈开危岩体。

（五）锚索张拉

锚索张拉作业前必须对张拉设备进行标定，张拉时不宜采用大吨位千斤顶一次张拉到位，而是采用小千斤顶分级单根张拉，张拉时观察岩体及裂缝情况。锚索张拉需要稳定 10 min ~ 20 min，并测读锚头位移 3 次，记录张拉中钢绞线的伸长量。

（六）张拉变形稳定后注意事项

卸荷锁定锚索，切除多余钢绞线，用 C25 混凝土封闭锚头。在此，要特别注意外露锚索钢绞线的防腐。

（七）贯彻动态设计、动态施工理念

锚索、锚杆孔位及倾角要根据岩体的岩面、重心位置及与洞窟的相对位置因地而定。在不损坏洞窟的原则下，可按现场实际情况进行调整。成孔后，考虑到沉渣影响，实际钻孔深度比设计深度大 0.5 m。

（八）注重环保，控制扬尘

钻进过程中采取相应的防尘措施，尽量不污染周边环境，达到环保施工的要求，并对地层变化、钻进速度、地下水情况以及出现的特殊情况做现场记录。若遇到塌孔、漏风现象应停止钻进并进行注浆固壁处理，注浆 24h 后重新钻进。

（九）灌浆充填

对危岩体与稳定岩体之间的裂缝进行灌浆充填施工时，首先清除掉地表裂缝周边杂物，用灌浆材料进行填补与封堵并预留适量的排气孔后，再对危岩体与稳定岩体之间的内部裂缝进行灌浆，实施时采取小压力注浆，时灌时停，分批量灌注。

（十）确保文物安全

施工时对文物进行保护，为防止污染、损坏文物，制定有效措施。

（十一）砂轮机切割

锚索下料采用砂轮机切割，禁止用电焊切割，下料长度比锚索设计长度多 1.0 m，以满足锚索张拉工艺需要，锚索安装要求无损伤、无死弯。

（十二）水泥砂浆

锚索、锚杆孔灌注水泥砂浆，砂浆配合比为水泥:砂子:水 = 1:1:0.40~0.45。砂浆体 28 天抗压强度不低于 30 MPa。注浆采用孔底返浆式注浆工艺，砂浆体强度达到设计强度的 80% 后，方可进行锚索张拉。

（十三）反力构件

锚索外部反力构件采用尺寸为 0.3 m×0.3 m、厚 20 mm 的钢垫板。锚杆外部反力构件采用尺寸为 0.25 m×0.25 m、厚 20 mm 的钢垫板，在岩体上开凿一个方坑。

（十四）封锚补坑

所有分项工程施工完毕后，进行封锚补坑和复旧处理，使崖面恢复原状。为了使封锚头砼与崖面颜色尽可能接近，正式封锚前在现场做了四组对比试验，在砼中拌合不同比例的岩粉进行比对，选取颜色最为接近的。

附录三：北京延庆县古崖居遗址危岩体加固工程图纸

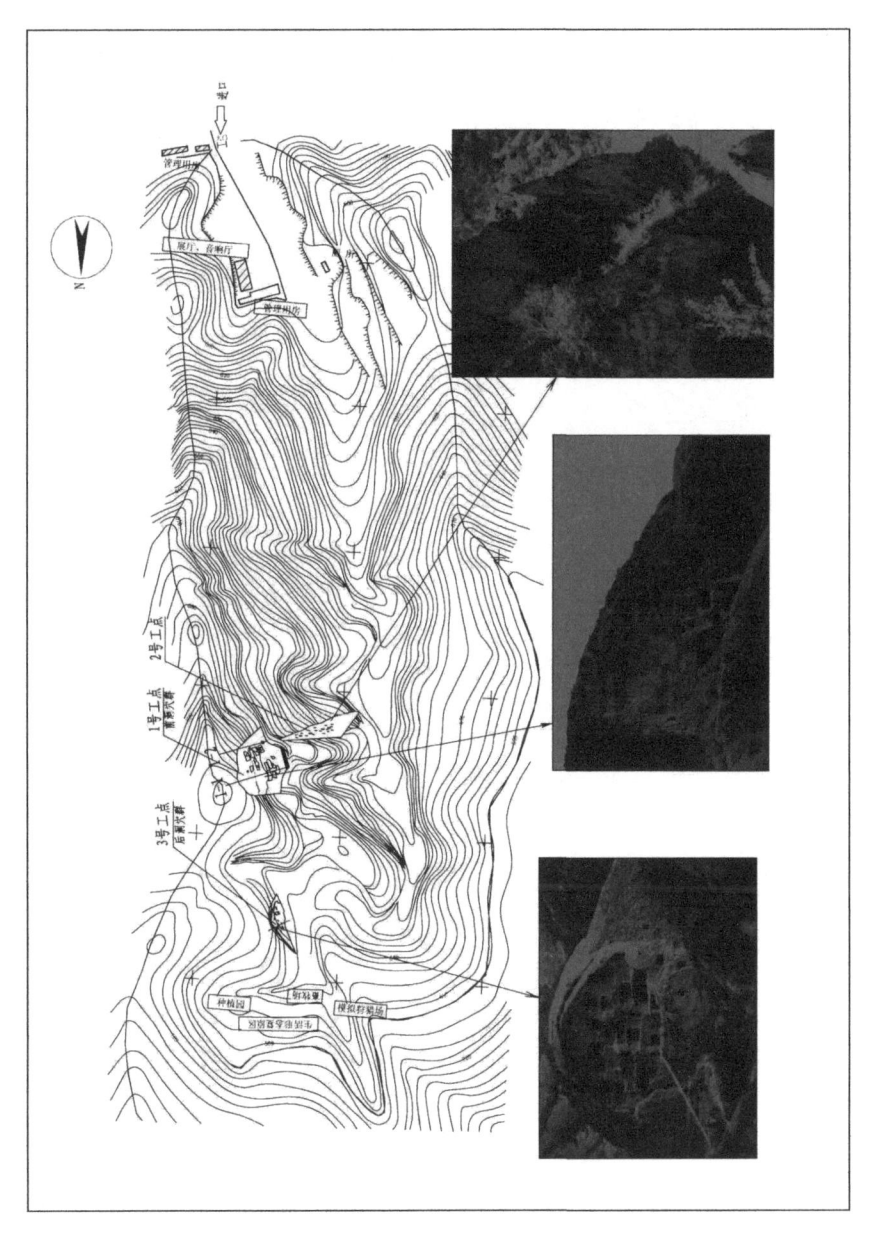

古崖居危岩体病害整治工程平面图

北京古崖居石质文物保护研究

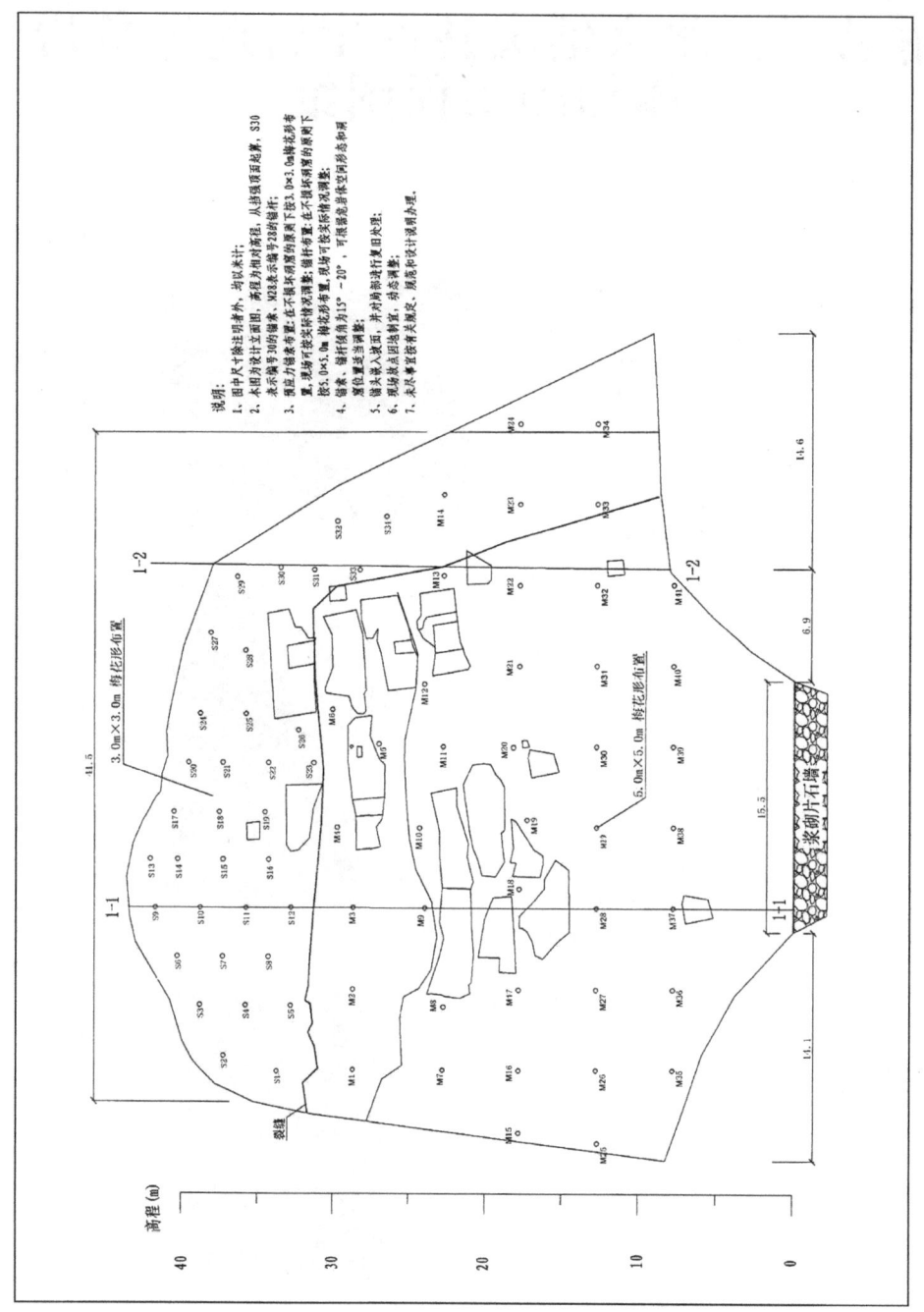

1号点立面图

附录二：北京延庆县古崖居遗址危岩体加固

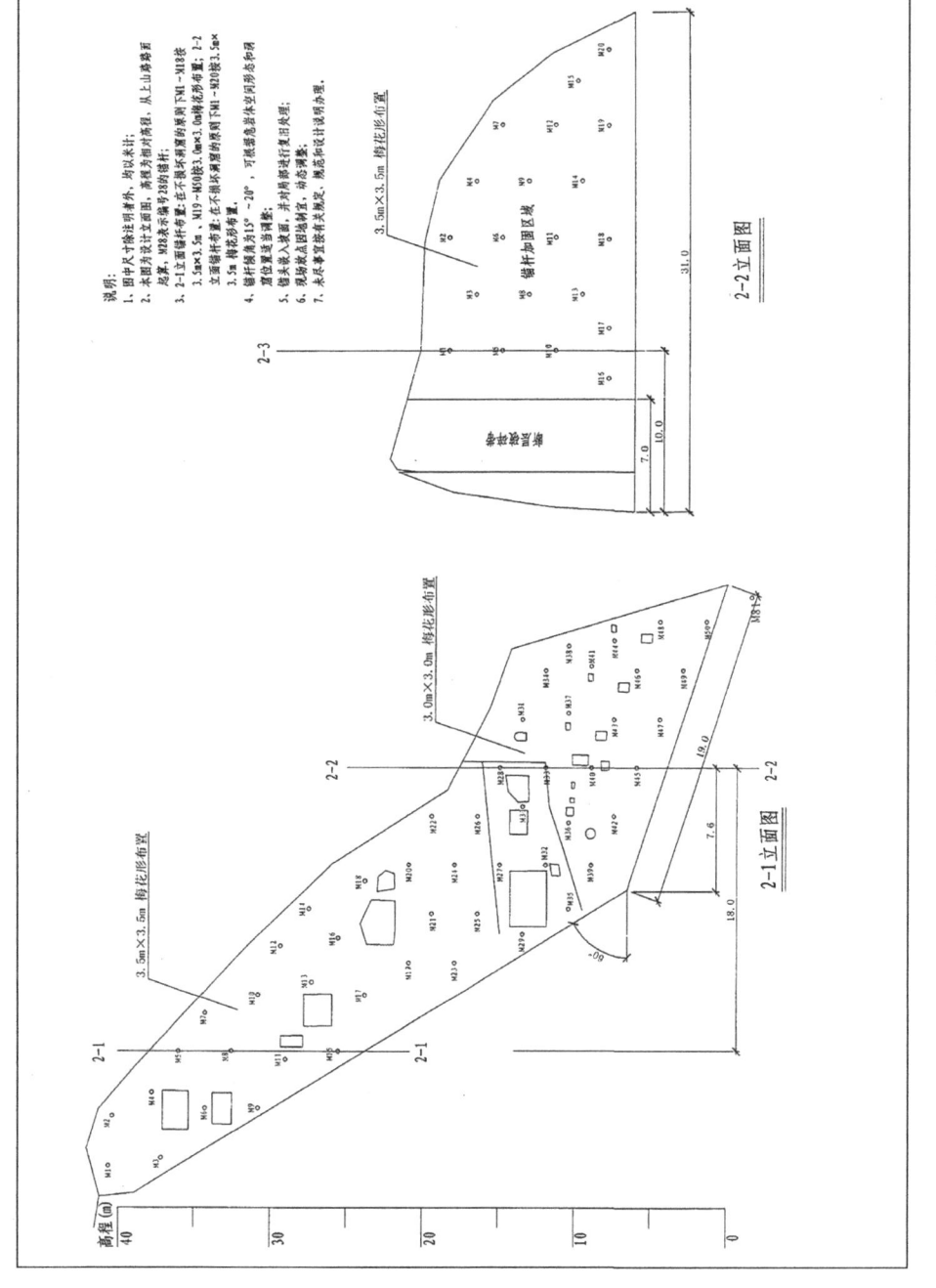

2号点立面图

北京古崖居石质文物保护研究

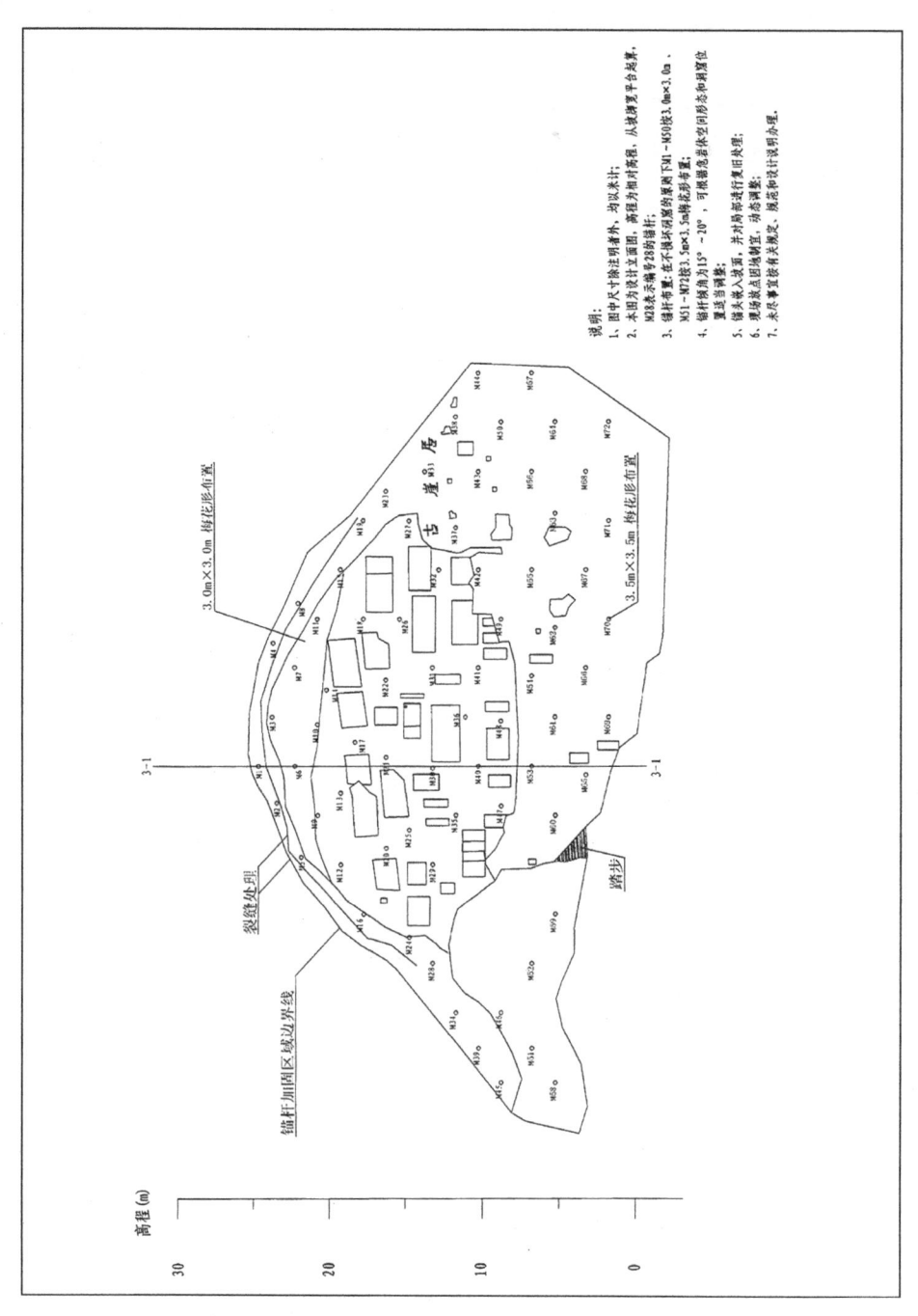

3号点立面图